GONZALO SANABRIA ANZOLA

Estudios bíblicos.

Estudios cristianos para edificación personal y para enseñar en la iglesia.

Te invitamos a visitar nuestro sitio web:

Estudiosysermones.com

Te invitamos a adquirir otros libros del autor Gonzalo Sanabria (en Amazon):

Tomo 1. Palabras que transforman el corazón, 55 sermones para predicar.

Sermones para predicar, tomos 3, 4, 5 y 6.

75 Sermones para estudiar y predicar.

Bosquejos y sermones para predicar.

Puedes conocer más de 70 libros publicados por el mismo autor en: **Gonzalo Sanabria Amazon.com**

DEDICATORIA

Dedico este libro a mi buen Dios, por Su amor y paciencia conmigo. A Jesucristo mi salvador y maestro y al Espíritu Santo bendito Consolador. A mi linda esposa Andrea regalo de Dios y a mi hijo Daniel.

AGRADECIMIENTOS

A mi familia, a la iglesia que Dios me permite pastorear (por su apoyo y oraciones), a todos los que leen nuestras publicaciones, y por supuesto a Dios, quien me da la fuerza y la capacidad para escribir y desarrollar el llamado que me ha hecho.

Contenido

INTRODUCCIÓN

"Estudios bíblicos" es un libro compuesto por **33** sermones o temas con abundante base bíblica, cuyo objetivo es edificar la iglesia cristiana. Son temas también para predicar y enseñar la palabra de Dios a grupos e iglesias.

Son estudios de la Biblia debidamente organizados, enriquecidos con notas y comentarios que tienen en cuenta el contexto, cultura, historia, geografía y significado de palabras claves del pasaje según sea el caso, sin dejar de lado las notas prácticas y actuales para nuestro diario vivir.

Este libro es una herramienta de apoyo y consulta para predicar y estudiar la palabra de Dios, los estudios bíblicos están organizados de manera sencilla y fácil de usar. Cada estudio bíblico contiene una introducción, varios puntos principales de exposición bíblica (cada uno con sus respectivas notas y comentarios) y una conclusión.

Éste texto es el resultado de horas de estudio, investigación y mejoramiento del material que Dios en su bondad me ha enseñado y permitido impartir. Espero que puedas tenerlo, estudiarlo y que sea en tus manos un instrumento de apoyo y bendición para tu vida y para el servicio a Dios.

Lic. Pastor Gonzalo Sanabria.

(Estudios bíblicos).

CAPÍTULO 1

CÓMO AVANZAR A PESAR DE TODO

Introducción: La situación más difícil para Jesús fue ir a la cruz, y en esa situación clamó al Padre Celestial y él lo oyó, y le envió un ángel para fortalecerle.

Cuando Israel pensó que el ejército egipcio los acabaría Dios les abrió el mar rojo, cuando pensaron que morirían de sed en el desierto el Señor les dio agua de la roca, y la Roca que los seguía era Cristo, por eso confía en él, Dios nunca te abandonará.

1) Una tempestad que derriba la esperanza: Hechos 27:18-20.

"Y siendo azotados por una vehemente tempestad, al día siguiente alijaron la nave; y al tercer día nosotros con nuestras manos arrojamos los aparejos de la nave. Y no apareciendo ni sol ni estrellas por muchos días, siendo azotados por una tempestad no pequeña, ya habíamos perdido toda esperanza de salvarnos"

El apóstol Pablo está siendo juzgado por predicar el evangelio y por solicitud de él mismo es enviado al Cesar en Roma. Su viaje en enfrenta diferentes tiempos y dificultades, el versículo dieciocho nos narra un combate más en su vida: “combatidos por una furiosa tempestad”.

Al día siguiente ellos deben alijar la nave (es aliviar la carga del barco) y al tercer día arrojan los aparejos de la nave (elementos que permiten navegar usando el viento).

Es interesante destacar aquí la frase “al tercer día” pues Jonás estuvo tres días y tres noches en el vientre del gran pez, Jesús estuvo tres días y tres noches en el corazón de la tierra, y aquí al tercer día arrojan los aparejos de la nave quedándose sin instrumentos para navegar llevados por el viento.

Estos tres días nos hablan de tiempos difíciles, en los que incluso hay perdidas. Pero al final la fe en Dios te saca en victoria.

2) Tiempos de impotencia e incertidumbre.

También es muy interesante según nos dice la Biblia “no apareciendo ni sol ni estrellas por muchos días” de día estaba oscuro y de noche no había luz, por tanto no tenían puntos de referencia para ubicarse. Añade el texto “acosados por una tempestad no pequeña” y es aquí donde Lucas dice: “Habíamos perdido toda esperanza de salvarnos”.

¿Cuándo se pierde la esperanza? Cuando pasa el tiempo y no hay salida o salvación. Cuando después de varias perdidas el camino no mejora. Cuando sales de una furiosa tempestad y otra te acosa o te persigue.

Son situaciones difíciles que nadie planea, son dificultades ante las cuales somos impotentes, son problemas que ensombrecen nuestro futuro (porque peligra la vida, el matrimonio, el patrimonio, etc).

Pero Dios es bueno y él tiene cuidado de sus hijos, él renueva, fortalece y alienta a su pueblo en medio de la adversidad, el Señor le habla a Pablo y por eso puede animar a sus compañeros: **Hechos 27:22-25**. Dios restaura la esperanza y te lleva al destino que te ha preparado.

3) El naufragio que destruye la nave: Hechos 27:41-44.

"Más dando en un lugar de dos mares, hicieron encallar la nave; y la proa, hincada, quedó inmóvil, y la popa se abría con la violencia de las olas. Entonces los soldados acordaron matar a los presos... Pero el centurión, queriendo salvar a Pablo, estorbó este acuerdo, y mandó que los que pudiesen nadar, fuesen los primeros en echarse al mar, y saliesen a tierra; y los demás, parte en tablas, parte en cosas de la nave. Y así aconteció que todos se salvaron saliendo a tierra."

La nave empieza a destruirse y a hundirse, los soldados proponen matar a todos los presos para que ninguno escape, pero Dios usa al centurión para salvar a Pablo (Dios cuida de sus hijos), y como pueden logran llegar a la playa de la isla de Malta.

Aunque todo se caiga a tu alrededor no dejes de creer en dios él tiene la última palabra. Él nunca te desamparará, Jesús nunca abandona a los suyos.

4) Dios no desampara a sus hijos.

Dios cuido de la tripulación y de los presos en medio de la furiosa tempestad, en medio del naufragio también cuidó de ellos y cuando pensaron en quitarle la vida a Pablo también Dios lo salvó. Son circunstancias que destruyen nuestra humana seguridad, porque eso era la nave para ellos.

A veces nos sentimos más seguros en lo material o terrenal que en el cuidado de Dios. En otras ocasiones confiamos más en personas que en el Señor Jesús. Por eso a veces Dios permite que se quiebre la nave de nuestra propia seguridad para que confiemos en el cuidado sobrenatural de Dios.

Conclusión: Aunque que pases por tiempo difíciles, Dios no te desampara. En tiempos oscuros él es tu luz, y ante los grandes problemas él es tu victoria, y cuando la duda se levanta como un gigante él es tu seguridad y victoria.

(Nota especial: Sí deseas ser informado de nuestros próximos libros y las promociones gratuitas que ofreceremos, y sí aún no lo has hecho, envíanos tu correo electrónico a: contactolibrosgs@gmail.com . Será para nosotros un gusto que formes parte de nuestros contactos).

CAPÍTULO 2

DIOS NOS PROTEGE SIEMPRE

Introducción: Los siervos de Dios según la Biblia nos enseña tuvieron que enfrentar muchos peligros y además de superar multitud de obstáculos, lo significativo es ver la poderosa mano de Dios con cada uno de ellos. De igual manera el Señor sigue guardando y preservando la vida de sus hijos, pues son de alta estima para él.

La víbora en la isla de Malta: Hechos 28:3-5.

"Entonces, habiendo recogido Pablo algunos sarmientos, y poniéndolos en el fuego, una víbora, huyendo del calor, le acometió a la mano. Y como los bárbaros vieron la serpiente venenosa colgando de su mano, se decían unos a otros: Ciertamente este hombre es homicida, a quien, escapado del mar, la justicia no deja vivir. Mas él, sacudiendo la víbora en el fuego, ningún mal padeció."

Sin duda el ambiente era adverso: lluvia, frio, pérdida de la nave, las cosas no estaban bien, aunque estaban vivos. Ahora a Pablo se le prende una víbora en su mano, por la expectativa de los habitantes de allí podemos concluir que lo había mordido, le había inyectado su veneno y esperaban su muerte.

Pero Dios lo protegió y ningún daño tuvo. Todos en Malta vieron el poder de Dios sobre Pablo, por eso cuando la tormenta se pone más fuerte es porque más grande es el milagro y la bendición que viene.

En la Biblia la serpiente es figura del diablo. Es aquel que se opone a la obra de Dios, resiste y usa todos los medios posibles para destruir los planes del Señor, procura causar daño a los hijos de Dios.

La serpiente tiene el veneno en su boca, fue mediante palabras y engaño que logró hacer que Adán y Eva desobedecieran a Dios y perdieran todos los privilegios del Edén y las bendiciones de Dios.

Por eso la murmuración, la queja, la calumnia, el chisme, la mentira y el engaño son manifestaciones venenosas de la serpiente, y en muchos corazones vulnerables inyecta su veneno de amargura, contaminando a muchos quienes dejan de alcanzar la gracia de Dios, por eso nos dice la Biblia: "Seguid la paz con todos y la santidad sin la cual nadie verá al Señor".

Dios es fiel para cumplir sus planes: Hechos 28:30-31.

"Y Pablo, se quedó dos años enteros en su casa de alquiler, y recibía a todos los que a él venían, predicando el reino de Dios y enseñando acerca del Señor Jesucristo, con toda confianza y sin impedimento."

Los planes de Dios cuentan con su poder para vencer. A pesar de la tormenta, del naufragio, de la víbora, el apóstol Pablo llegó a Roma porque ese era el plan del Señor, allí predicó por dos años abiertamente y sin impedimento.

El libro de los Hechos fue escrito en el año 62 d.C. y el apóstol Pablo muere en el año 67 d.C. aprox. por eso la mayoría de intérpretes de la Biblia enseñan que Pablo fue liberado al terminar esos dos años y por cinco años más sirvió a Dios predicando el evangelio, luego fue finalmente encarcelado y muere en el año 67d.C.

Dios cumple sus planes porque él es fiel y todopoderoso. El Señor tiene un maravilloso plan con cada uno, seguramente en el proceso aparecerán obstáculos, oposición, trampas del enemigo, dificultades y pruebas, pero de todas ellas nos librará el Señor, porque la obra que él ha empezado no la terminará hasta perfeccionarla, Dios te protege, él cumplirá su propósito en ti.

Conclusión: Tal vez vivamos situaciones ante las cuales nos sentimos impotentes, incapaces e incluso indignos de victoria, pero ten presente no se trata de tus virtudes o capacidades sino del poder y cuidado de nuestro Dios. Confía en el Señor, la confianza en él cambia nuestra perspectiva de vida, y por eso prepárate lo mejor está por venir.

(Te invitamos a leer nuestro libro en Amazon: Bosquejos y Sermones de la Biblia para Predicar).

CAPÍTULO 3

CUIDAR LA FAMILIA ES DE GRAN IMPORTANCIA

Introducción: No podemos ignorar que estamos en tiempos finales, y los enemigos de la familia se multiplican. Es necesario retomar los principios de Dios para nuestro hogar y para instruir a nuestros hijos. Es muy importante cuidar la familia en estos tiempos finales.

Según Génesis 4:16-19, 23-24, el hombre puede escoger su propio camino y desarrollar su vida; pero sin Dios las cosas no resultan bien, por el contrario se camina en un modelo opuesto al que el Señor quiere y con las consecuencias tristes que esto conlleva.

"Y Caín se fue de la presencia de Jehová, y habitó en tierra de Nod, al oriente de Edén. Y conoció Caín a su esposa, la cual concibió y dio a luz a Enoc: y edificó una ciudad, y llamó el nombre de la ciudad del nombre de su hijo, Enoc. Y a Enoc nació Irad, e Irad engendró a Mehujael, y Mehujael engendró a Matusael, y Matusael engendró a Lamec. Y tomó para sí Lamec dos esposas; el nombre de la una fue Ada, y el nombre de la otra Zila" Génesis 4:16-19.

Aquí vemos una familia que se aleja de Dios, siguen su propio camino haciendo a un lado el consejo y diseño de Dios. Lamec es figura o representa varias cosas, en el contexto del matrimonio o de familia podemos ver el símbolo de varios enemigos:

a) En la genealogía que se nos presenta Lamec es el sexto, lo vemos en los versículos 17 y 18, en su orden son: Caín, Enoc, Irad, Mehujael, Metusael y Lamec.

Esto es interesante pues en la Biblia el número seis es el número del hombre, también el 666 es señal del anticristo, podemos decir que Lamec representa al hombre que desplaza a Dios, es aquel que se resiste al diseño del Señor, y hace su propio voluntad. Por eso desechó el modelo matrimonial y tomó para sí dos mujeres.

b) La Biblia nos dice que una de sus mujeres se llamaba Ada y la otra Zila. El nombre Ada significa: ornamento, adorno, joyas. Mientras que Zila significa: sombra, coqueta, tintineo (campanada). Sus nombres revelan su carácter perverso, manipulador, vano y oscuro, pues además aceptan rebelarse contra el modelo de Dios y ser las dos esposas de Lamec.

El enemigo procura sembrar esa semilla de Lamec o de rebelión en el ser humano para tener otra(s) persona(s) además de su cónyuge legal.

c) Su nombre Lamec significa: Poderoso. Hecho vil. Pobre. De baja condición. Palabras que nos hablan nuevamente de su carácter fuerte, y de la rebelión en su corazón que lo llevó a una baja condición, lo empobreció como persona, su dignidad como hombre se envileció. Es decir al desechar el diseño divino se hizo vil.

Por eso debemos tener presente que caminar con Dios y adorarlo, dignifica y restaura el hombre creado a su imagen y semejanza.

d) Lamec era un cónyuge violento y agresivo. Lo vemos claramente en el versículo 23 y en el 24 "Y dijo Lamec a sus esposas: Ada y Zila, oíd mi voz; esposas de Lamec, escuchad mi dicho: Que a un varón maté por mi herida, y a un joven por mi golpe: Si siete veces será vengado Caín, Lamec en verdad setenta veces siete lo será" donde se nos revela como un cónyuge vengativo. Vemos pues en Lamec la representación de un(a) esposo(a):

Violento y agresivo.

Es alguien que menosprecia el matrimonio y la familia.

Es homicida (Dios va mucho más allá y nos dice que el que no ama a su hermano es homicida.

No permitamos que las diferencias familiares levanten muros de muerte, pues nuestro Dios ha venido a traer vida).

Algunos enemigos del matrimonio y la familia son: falta de perdón, la indiferencia, la mutua agresión, la ira y la amargura, la infidelidad, con frecuencia el enemigo lanza dardos como: "este matrimonio está mal y esto se va a acabar" "Siempre él o ella hace lo mismo, desquítese usted también" (venganza), etc. El amor y el perdón son vitales en el hogar, Dios es nuestra fuente para cuidar la familia.

Debemos tener en cuenta que Jesús nació y creció en el hogar de José y María, dando testimonio con esto del modelo de Dios: matrimonio y familia. Mateo 1:18-21.

José y María enfrentaron dificultades, pero supieron seguir el consejo divino, permitieron que el Señor ministrara sus corazones, y por tanto pudieron entender el camino de Dios, sometieron sus corazones a la voluntad del Señor para sus vidas, no se culparon el uno al otro, y se dispusieron como barro en las manos del Alfarero.

Conclusión: Las tinieblas procuran de muchas maneras dañar y destruir las familias, pero mayor es Aquel que mora en nuestros corazones, mayor es Cristo que el que está en el mundo, su amor es el que te capacita para perdonar, tolerar e interceder por los tuyos. Ellos no son un problema ni un obstáculo, son un tesoro que Dios ha enviado a tu vida.

CAPÍTULO 4

DIOS TIENE MUCHO MÁS PARA DARNOS

Introducción: A veces vamos a la iglesia por hábito religioso, en otras ocasiones por compromiso con alguna persona; algunos en tiempos de Jesús seguían al Maestro por las calles de Israel porque quizá estaba de moda o para escuchar que cosas nuevas decía, pero otros deseaban ser discípulos genuinos del Señor. Seguir a Jesús debe ser el resultado de una decisión genuina y cuyo deseo es crecer en él.

Cuando Jesús resucitó apareció a muchas personas, 1 Corintios 15:3-8.

"Porque primeramente os he entregado lo que asimismo recibí: Que Cristo murió por nuestros pecados conforme a las Escrituras; y que fue sepultado, y que resucitó al tercer día, conforme a las Escrituras; y que fue visto por Cefas, y después por los doce.

Y después, fue visto por más de quinientos hermanos a la vez; de los cuales muchos viven aún, y otros ya duermen. Después fue visto por Jacobo; luego por todos los apóstoles. Y al último de todos, como por un nacido a destiempo, Él fue visto también por mí."

El fundamento de nuestra fe y salvación lo describe Pablo de manera concisa aquí: "Cristo murió por nuestros pecados, fue sepultado, y resucitó al tercer día conforme a las Escrituras". Esas mismas Escrituras nos enseñan que el hombre debe creer en aquello que Jesús hizo y entregarle su vida a él.

Cuando Jesús resucitó estuvo por cuarenta días haciendo varias cosas antes de su ascensión al cielo, por ejemplo nos dice la Biblia que estuvo "dando instrucciones por medio del Espíritu Santo a los apóstoles que había escogido", leamos al detalle **Hechos 1:2-5.**

También durante ese tiempo se les apareció junto al mar de Galilea cuando ellos estaban pescando, y a la luz de 1 Corintios 15 se apareció a muchas personas.

Es muy interesante la expresión de 1 Corintios 15:6 "apareció a más de quinientos hermanos a la vez". Como podemos ver del versículo 5 al 8 la palabra "apareció" se usa cuatro veces, destacando aquella labor del Señor resucitado, básicamente el término significa dejarse ver.

La Biblia nos dice que eran quinientos hermanos, eran pues personas convertidas a la fe en Jesús. Seguramente aquella visión fue maravillosa, pero Dios tiene mucho más para darnos.

Cuando Jesús se le apareció a Saulo de Tarso camino a Damasco aquel encuentro fue tan poderoso que el perseguidor se convirtió en un apasionado predicador de Aquel que perseguía.

Cuando Jesús se nos aparece en el camino de la vida nada es igual, nuestro corazón experimenta la más poderosa transformación, encontramos allí la más grande riqueza que hombre alguno pueda tener. Jesucristo en su corazón.

El Espíritu Santo viene sobre la iglesia, Hechos 2:1-4.

"Y cuando llegó el día de Pentecostés, estaban todos unánimes en un mismo lugar. Y de repente vino un estruendo del cielo como de un viento recio que corría, el cual llenó toda la casa donde estaban sentados; y se les aparecieron lenguas repartidas, como de fuego, asentándose sobre cada uno de ellos. Y fueron todos llenos del Espíritu Santo, y comenzaron a hablar en otras lenguas, según el Espíritu les daba que hablasen."

Podemos ver varios detalles muy importantes en éste pasaje:

a) Dios cumple sus promesas (eso había sido prometido por el Señor).

b) El Espíritu Santo nos sorprende con su obra ("de repente... estruendo... viento recio... lenguas de fuego"). Tal vez no esperaban esas cosas, fue un de repente de manera sobrenatural.

c) El Espíritu Santo trae cosas nuevas (ellos hablaron en otras lenguas, evento que no había sucedió en el Antiguo

Testamento). Esto era completamente nuevo. Por eso podemos concluir que Dios tiene mucho más para nosotros.

d) El Espíritu Santo fue enviado en la fiesta de pentecostés, es decir a los cincuenta días después de ser sacrificado el Cordero de Dios, Jesucristo el Señor, ya que él estuvo por cuarenta días apareciéndoseles y hablándoles del reino a sus discípulos, entonces ellos estuvieron por diez días orando en el aposento alto esperando la promesa del Espíritu. Dios recompensa a quien le busca.

Conclusión: Damos gracias a Dios por lo que hasta aquí nos ha dado, sin embargo nuestro corazón debe anhelar las cosas nuevas que él nos quiere dar. Siempre el Señor nos motiva a seguir adelante y no conformarnos, nuevas son sus misericordias cada día, con él vamos de gloria en gloria.

Así que adelante, persevera, no dejes de orar porque a su tiempo cosecharás. Cosas nuevas del Espíritu Santo viene para tu vida.

CAPÍTULO 5

LOS PLANES DE DIOS SON PERFECTOS

Introducción: Dios es Todopoderoso y soberano en sus planes, tiempos y maneras de hacer las cosas. Es muy importante desarrollar un corazón manso y humilde delante de él para ser guiado en sus tiempos y así cosechar todas las bendiciones que él nos ha preparado.

Los planes de Dios requieren formación, Mateo 2:1-3.

"Y cuando Jesús nació en Belén de Judea en días del rey Herodes, he aquí unos hombres sabios del oriente vinieron a Jerusalén, diciendo: ¿Dónde está el Rey de los judíos, que ha nacido? Porque su estrella hemos visto en el oriente, y venimos a adorarle. Oyendo esto el rey Herodes, se turbó, y toda Jerusalén con él."

Como podemos ver Jesús nació en Belén en días del rey Herodes, el cual lleno de enojo y envidia (pues se anunciaba a otro rey) mandó a matar a todos los niños menores de dos años en Belén y en todos sus alrededores.

Por eso José y María tuvieron que huir a Egipto con el niño, pero en el tiempo indicado Dios envía un ángel en sueños a José para avisarles que pueden volver a Israel.

La Escritura nos dice que José guiado por el Señor fue y habitó en Nazaret para que se cumpliera la profecía que habría de ser llamado nazareno. Es de anotar que ese término no era de buena calificación, pues el lugar no era conocido ni importante, más bien lo tildaban de esa manera para menospreciar su linaje como rey, por eso nos dice la Biblia que:

"Escribió también Pilato un título, que puso sobre la cruz, el cual decía: Jesús nazareno, rey de los judíos" Juan 19:19. Todo esto por supuesto en un marco de burla y humillación.

Nos dice Mateo 2:19-23 "Y muerto Herodes, he aquí un ángel del Señor apareció en un sueño a José en Egipto, diciendo: Levántate, toma al niño y a su madre, y vete a la tierra de Israel, porque han muerto los que procuraban la muerte del niño. Entonces él se levantó, y tomó al niño y a su madre, y vino a tierra de Israel.

Pero cuando oyó que Arquelao reinaba en Judea en lugar de Herodes su padre, tuvo temor de ir allá. Y siendo avisado por Dios en un sueño, se fue a la región de Galilea, y vino y habitó en la ciudad que se llama Nazaret; para que se cumpliese lo dicho por los profetas, que habría de ser llamado nazareno".

Aquí tenemos varias cosas muy importantes que destacar:

a) Jesús vivió en Nazaret aprox. 28 años, es decir allí vivió el 85% de su vida terrenal, para luego desarrollar un ministerio de tres años y medio aproximadamente. Ésta pequeña ciudad fue escogida por varias razones, entre ellas enseñarnos que lo que los hombres menosprecian, para Dios puede ser muy importante, y que lo que los hombre aprecian no necesariamente es valioso para Dios.

b) La palabra "Nazaret" tiene significados muy importantes y que nos dejan ver otras enseñanzas, Nazaret significa: retoño, vástago o renuevo. Lo que nos habla de algo nuevo que ha nacido y empieza a crecer. Aquel retoño será un día un gran árbol, grande para dar mucha sombra y descanso, sano para llevar mucho fruto y fuerte para soportar las tempestades y vientos contrarios.

De igual manera somos planes de Dios que debemos ser formados por su mano poderosa y bondadosa para llevar el fruto que él quiere.

c) Jesús comenzó su ministerio a los treinta años de edad, él aprendió caminar en los tiempos de Dios, **Lucas 3:23**. No se anticipó dejándose llevar por el afán o la ansiedad, desde los doce años sabía muy bien el plan del Padre con él, pero todo lo hizo en el tiempo indicado.

d) Durante esos años que estuvo con sus padres fue obediente y respetuoso con la autoridad de ellos: **Lucas 2:51-52** "Y descendió con ellos, y vino a Nazaret, y estaba sujeto a ellos. Y su madre guardaba todas estas cosas en su corazón. Y Jesús crecía en sabiduría y en estatura, y en gracia para con Dios y los hombres".

Allí Jesús aprendió muchas cosas y fue formado en la carpintería de su padre adoptivo José, por eso fue llamado también carpintero. Por eso Nazaret es sinónimo de: carácter, crecimiento, formación, anonimato.

Allí es formada y probada la fidelidad, la perseverancia, la sujeción, la responsabilidad, etc, para luego desarrollar y ejercer bien las cosas grandes que Dios nos quiere dar.

e) **Lucas 4:16, 28-31**. En el tiempo indicado Jesús inició su ministerio, pero Nazaret no reconoció su tiempo, no logró ver que Dios la visitaba, que por sus calles caminaba su Creador.

Nazaret se perdió las más grandes bendiciones y milagros que Dios le traía, sus habitantes rechazaron a Jesús, y él se fue a Capernaúm y demás ciudades y aldeas de Galilea para llevar lo que Dios le había entregado. Pero Nazaret se perdió lo que el Señor le quería dar.

Conclusión: Es muy importante reconocer que nacemos por la voluntad de Dios y con planes puntuales y específicos. Es necesario recibir su palabra, recibir y aceptar a Jesús, permitir su obra formadora en nosotros y cuales vasijas disponer con mansedumbre nuestro corazón para que se haga su voluntad en su perfecto tiempo, pues cuando esto hacemos seremos prosperados en todas las cosas.

(Te invitamos a conocer todos nuestros libros en: Pastor Escritor Gonzalo Sanabria Amazon.com).

CAPÍTULO 6

DIOS ES BUENO Y TODOPODEROSO

Introducción: En una ocasión estaba el alfarero trabajando y la vasija que hacía se echó a perder en sus manos, pero él volvió a hacer otra vasija según le pareció mejor hacerla, y dijo el Señor "como el barro en las manos del alfarero, así sois vosotros en mis manos".

Es decir Dios tiene el poder para restaurar, liberar y sanar lo que ha sido dañado. Dios es bueno y poderoso, por eso él puede tomar una vida hecha pedazos y hacerla de nuevo.

La fe nos acerca a Jesús, Mateo 9:27-28.

"Y partiendo Jesús de allí, le siguieron dos ciegos, dando voces y diciendo: ¡Hijo de David, ten misericordia de nosotros! Y llegado a casa, los ciegos vinieron a Él; y Jesús les dijo: ¿Creéis que puedo hacer esto? Ellos le dijeron: Sí, Señor. "

Habían dos ciegos que habían escuchado hablar de Jesús, se enteraron de que él podía ser la solución a su crisis, al escuchar lo que de él se decía la fe se activó en ellos y siguiéndole gritaban su nombre para llamar su atención.

Su ruego no era orgulloso, ellos reconocían su condición y por eso le decían: "Ten misericordia de nosotros". Ellos confiaban en que Jesús los atendería, porque Dios es bueno.

El versículo 29 nos dice que "al llegar a la casa, se le acercaron los ciegos" esto nos muestra que ellos siguieron al Señor hasta su destino, fue sin duda una prueba a su fe, seguramente tuvieron que superar obstáculos en el camino pero perseveraron hasta alcanzar a Jesús.

Es muy importante tener en cuenta la pregunta que Jesús les hizo: "¿Creéis que puedo hacer esto?" y su respuesta evidenció la fe que había en sus corazones, ellos respondieron "Sí, Señor". Fue precisamente esa fe la que los llevo a buscar a Jesús y seguirlo hasta alcanzar su milagro.

La fe se evidencia a través de nuestras acciones y palabras. Es muy importante creer en el poder y bondad de Dios, pues esto cambia totalmente la perspectiva de la vida en toda situación.

La fe recibe milagros de Dios, Mateo 9:29-31.

"Entonces les tocó los ojos, diciendo: Conforme a vuestra fe os sea hecho. Y los ojos de ellos fueron abiertos. Y Jesús les encargó rigurosamente, diciendo: Mirad que nadie lo sepa. Pero cuando ellos salieron, divulgaron su fama por toda aquella tierra."

Jesús tocó sus ojos y declaró la palabra de Dios "Conforme a vuestra fe os sea hecho". Vemos pues que es muy importante creer en el poder de Dios, pues esto desencadena en la obra sobrenatural del Señor.

Es muy importante desarrollar una atmósfera de fe ya que este es el ambiente de los milagros, es el ámbito de las sanidades y liberaciones, es el ambiente donde la unción pudre el yugo, es donde se rompen las cadenas y hay libertad para el cautivo. Confiar en el poder del Señor y creer que en esencia Dios es bueno, prepara el corazón para su obra sobrenatural.

Jesús les dijo: "Mirad que nadie lo sepa" esto nos habla de los tiempos de Dios. El Señor sabía que los judíos esperaban un Mesías con grandes ejércitos que venía a traer libertad, pero era necesario que primero padeciera y entregará su vida en la cruz por nosotros.

Sin embargo ellos divulgaron su nombre, pues es casi imposible ser tocado por Jesús o tener una experiencia con él y callar esa maravilla.

Conclusión: Dios atiende y escucha a todo aquel que se acerca él, un corazón manso y humilde tiene no sólo acceso a la presencia de Dios sino que además recibe las bendiciones y milagros que el Señor tiene para sus hijos, pues en esencia Dios es bueno.

(Te invitamos a leer en Amazon nuestro libro de 55 sermones para predicar: **Palabras que transforman le corazón**).

CAPÍTULO 7

MILAGROS DEL SEÑOR JESÚS

Introducción: Aún en las peores situaciones o ante los mayores obstáculos la fe en Jesucristo será el camino de la victoria. Quizá se levante la duda, el miedo o la oposición, pero sobre estos prevalecerá la fe en Dios. Confía y persevera el Señor Jesús sigue haciendo milagros, sólo es cuestión de tiempo y verás su gloria a tu favor.

La fe en Dios derriba los poderes demoniacos, Mateo 9:32-33a.

"Y al salir ellos, he aquí, le trajeron a un hombre mudo, endemoniado, y echado fuera el demonio el mudo habló".

La Biblia nos dice que "le trajeron un mudo endemoniado" aquellos que lo trajeron eran personas que creían en el poder de Jesús. Su condición es descrita al decirnos la Biblia que era un "mudo endemoniado", él había perdido o nunca había tenido la capacidad de hablar, nos dice también el texto que una vez expulsado el demonio el mudo habló. Fue un maravilloso milagro de Jesús.

Vemos entonces que su condición natural (mudo) estaba determinada por una situación espiritual (endemoniado). Es decir un espíritu inmundo era el que estaba deteniendo o atando su capacidad para hablar.

Hay áreas o dones que Dios ha puesto en el ser humano que espíritus inmundos atan para impedir que estas personas fluyan o avancen en el plan para el cual fueron creados. No sabemos el origen de esa situación espiritual, ni el tiempo que llevaba aquel espíritu afligiendo a este hombre.

Ante la presencia de Jesucristo aquel espíritu inmundo tuvo que irse, esa atadura espiritual se rompió por el poder de Dios.

Jesucristo vino para dar libertad al ser humano. La primera liberación es aquella cuando Jesús nos libra de la condenación eterna, ya que la paga del pecado es muerte, todo ser humano va en dirección a la condenación eterna.

Pero por su gran amor Dios envió a su Hijo Unigénito, Jesucristo el Señor, quien dio su vida en la cruz por nuestros pecados y así todo aquel que en él cree no se pierde sino que tiene vida eterna. Pero como los ciegos y como aquel mudo debemos acercarnos a Jesús para recibir de él perdón de pecados y salvación.

Jesucristo hace cosas nuevas y sorprendentes, Mateo 9:33b.

“y las multitudes se maravillaban, y decían: Jamás se había visto cosa semejante en Israel”

Como nos enseña el texto bíblico Jesús hace maravillas, él hace cosas nuevas y únicas, por eso decían "Nunca se ha visto cosa semejante". Jesús transforma nuestra vida y puede hacer cosas maravillosas al disponer nuestro corazón en sus manos. El más grande milagro de Jesús es la transformación de nuestra vida.

Quizá usted ha escuchado frases como: "Usted nunca va a cambiar" - "Usted no va a salir adelante" - "Usted no podrá triunfar en la vida" o "Usted nunca será libre de eso" pero Jesucristo sí puede transformar todas las cosas, porque todo es posible para Dios.

¿Quién podía en aquel tiempo sanar a esos ciegos? nadie ¿quién podía en aquel entonces sanar aquel hombre mudo? Nadie, pero ellos fueron a Jesús, Aquel que todo lo puede, él es quien tiene la última palabra.

Donde otros han dicho fracaso Jesús dice victoria, donde otros han dicho ruina él dice bendición, donde otros han dicho muerte él dice vida, Jesucristo es Dios todopoderoso, por tanto todo es posible para él. Los milagros de Jesús están disponibles para todo aquel que cree.

Jesucristo nos ayuda a vencer.

Algunas veces habrá obstáculos camino la milagro, o quizá oposición pero en Cristo siempre venceremos, Mateo 9:34-35 "Pero los fariseos decían: Por el príncipe de los demonios echa fuera los demonios. Y recorría Jesús todas las ciudades y aldeas, enseñando en las sinagogas de ellos, y predicando el evangelio del reino, y sanando toda enfermedad y todo achaque en el pueblo".

Los fariseos que estaban allí criticaban, menospreciaban y calumniaban la obra de Jesús diciendo "por poderes del diablo él hace esas cosas". Pero el Señor Jesús seguía llevando el evangelio del reino por las ciudades y aldeas, llevando sanidad y liberación. Jesucristo no ha cambiado, él sigue salvando, sanando, restaurando y liberando al cautivo. Jesús sigue haciendo milagros.

Conclusión: Es muy importante tener en cuenta la voluntad de Dios para nuestra vida, Jesucristo ha venido a darnos vida eterna, salud, bendición, restauración, él ha venido a traer libertad, él sigue haciendo obras maravillosas.

CAPÍTULO 8

JESÚS TIENE PODER SOBRE TODAS LAS COSAS

Introducción: Cuando Jesús muere en la cruz del calvario sus discípulos se retiran dirigidos por Pedro y se van a pescar al mar de Galilea. La tristeza por lo sucedido y la incertidumbre por el futuro los embarga. Pero el Señor mismo resucitado viene a ellos para animarlos y confirmar su palabra en sus corazones.

Jesús camina con sus discípulos, Lucas 24:13-15.

"Y he aquí, el mismo día dos de ellos iban a una aldea llamada Emaús, que estaba como a sesenta estadios de Jerusalén. Y conversaban entre sí de todas estas cosas que habían acontecido. Y sucedió que mientras conversaban y discutían entre sí, Jesús mismo se acercó y caminó con ellos"

Eran dos discípulos (no de los doce) del Señor Jesús, ellos seguían al Maestro y habían creído que él era el Mesías. Estaban desanimados y tristes pues lo habían seguido creyendo que era el libertador, pero más bien se sentían decepcionados, por eso dicen "esperábamos que él era el que había de redimir a Israel".

Algunas veces nos cuesta trabajo creer las promesas divinas y más cuando las formas de Dios no se ajustan a nuestra manera de pensar.

El pasaje nos dice que "Jesús mismo se acercó, y caminaba con ellos". No los desechó por sus dudas, al contrario vino a ellos para enseñarles y fortalecer su fe. Dios no se olvida de sus promesas aunque el hombre dude de ellas.

Dios no desecha sus planes aunque el hombre piense que ya no es posible. En los tiempos más difíciles no pienses que el Señor te ha dejado solo(a) aunque no te des cuenta él camina a tu lado.

Jesús atiende al corazón confundido y desanimado, Lucas 24:16-18.

"Mas los ojos de ellos estaban embargados, para que no le conociesen. Y les dijo: ¿Qué pláticas son estas que tenéis entre vosotros mientras camináis y estáis tristes? Y respondiendo uno de ellos, que se llamaba Cleofas, le dijo: ¿Eres tú sólo un forastero en Jerusalén, y no has sabido las cosas que en ella han acontecido en estos días?"

El Señor les pregunta sobre la razón de su tristeza y las cosas que han acontecido en aquellos días. Es muy interesante ver ese espacio que Jesús les da para expresarse con libertad. Él con amor y paciencia los escuchó, el simple hecho de hablar con Jesús nos ayuda a sacar del corazón las razones que lo entristecen.

El Señor tiene tiempo para ti, y para él es importante escucharte. Saca tu tiempo para hablar con él, no terminarás igual, pues todo aquel que se acerca a Jesús recibe nuevas fuerzas, su corazón es transformado y recibe bendiciones de Dios, por eso cuando María se sentó a los pies de Jesús para escuchar su palabra el Señor dijo: "María ha escogido la buena parte, la cual no le será quitada" (Lucas 10:42).

Conclusión: El Señor Jesús tiene poder sobre todo, nada es difícil para él. Aún en las circunstancias más complicadas de nuestra vida Dios está allí fortaleciendo y cuidando nuestro corazón. Él no desampara a sus hijos.

CAPÍTULO 9

JESÚS NOS DA LA VICTORIA

Introducción: El Señor Jesús resucitó y se apareció en primer lugar a María magdalena quien va a contarles a los discípulos lo sucedido pero a ellos les cuesta creer. Su aflicción era tal que no recordaban que el Maestro les había dicho que al tercer día resucitaría, ni siquiera la muerte o el Hades puede retener a Cristo.

La presencia de Dios transforma nuestra situación, Lucas 24:28-31.

"Y llegando a la aldea a donde iban, Él hizo como que iba más lejos. Pero ellos le constriñeron, diciendo: Quédate con nosotros, porque se hace tarde, y el día ya ha declinado. Entró, pues, a quedarse con ellos. Y aconteció que estando sentado con ellos a la mesa, tomó el pan y lo bendijo, y partió, y les dio. Entonces les fueron abiertos los ojos y le reconocieron; mas Él se desapareció de su vista."

Jesús a través de la palabra les enseña que todo eso era necesario que ocurriera y el corazón de ellos empezó a levantarse, porque la palabra de Dios nos fortalece y alimenta.

Al llegar a la aldea donde iban Jesús hizo como que iba más lejos, es decir él dio la impresión de seguir o actuó como si estuviera continuando su camino, pero en realidad él estaba esperando que ellos lo invitaran a quedarse.

Nos dice la Biblia "Ellos le obligaron a quedarse" pues ya estaba tarde y oscurecía. Jesús nos enseña aquí la importancia de procurar con insistencia su presencia, de perseverar para atraer su poder y gloria a nuestra vida y a nuestra casa.

Durante la cena Jesús tomó el pan, lo bendijo y les dio, esto es muy importante pues la cena para los judíos es un tiempo de intimidad familiar, allí Dios les abrió los ojos y ellos lo reconocieron. Lo que antes no podían ver ahora lo veían, lo que antes no podían comprender ahora lo entendían, vemos pues cuán importante es la intimidad con Dios.

Jesús resucitó venciendo la muerte y el infierno, Lucas 24:33-35.

"Y levantándose en la misma hora, se regresaron a Jerusalén, y hallaron a los once reunidos, y a los que estaban con ellos, que decían: Ha resucitado el Señor verdaderamente, y ha aparecido a Simón. Entonces ellos contaron las cosas que les habían acontecido en el camino, y cómo le habían reconocido al partir el pan."

Podemos ver un gran cambio en la actitud de estos discípulos, ellos venían decepcionados y tristes, pero sin duda la experiencia con el Señor Jesucristo resucitado provocó un profundo cambio y también acción.

Nos dice el versículo 33 "levantándose en la misma hora..." es decir ellos no esperaron hasta la mañana, sino que viajaron a esa hora de la noche nuevamente a Jerusalén a contarle a los demás discípulos que Jesús había resucitado.

Hay movimientos religiosos que cuentan con millones de seguidores, por ejemplo Confucio, Buda y muchos otros, multitudes peregrinan hacia sus sepulcros para honrar sus restos físicos.

En contraste el sepulcro de nuestro Señor Jesucristo está vacío, allí no hay nada, él resucitó y está sentado a la diestra del Padre celestial, y la Biblia dice que él volverá por su iglesia.

Jesús venció la muerte, el infierno no lo pudo retener. Aquel sepulcro sellado con una gran piedra, así como la guardia que lo custodiaba tuvieron que abrirle paso, él el Dios Todopoderoso.

Sí el Señor caminó con ellos (los dos discípulos), camina contigo, y como derrotó la muerte y venció al infierno, es poderoso para quitar toda piedra y obstáculo de tu camino y llevarte al cumplimiento de su plan.

Conclusión: La resurrección de Jesús es columna de la fe cristiana, y sin duda la más grande victoria sobre la muerte y sobre satanás. Cuando Jesucristo resucita afirma que él es

Aquel que puede dar vida, y que tiene poder sobre toda dificultad. No hay problema más grande que Dios.

CAPÍTULO 10

CÓMO VENCER LA OPOSICIÓN DE LAS TINIEBLAS

Introducción: El camino del Señor contiene obstáculos que superar, y batallas que enfrentar, pero Jesús nos ha dado la autoridad para vencer. No importa cuán grande sea el gigante que se levante Dios siempre será más grande.

Victoria sobre Sipai, 1 Crónicas 20:4.

"Después de esto aconteció que se levantó guerra en Gezer contra los filisteos; e hirió Sibecai husatita a Sipai, del linaje de los gigantes; y fueron humillados"

"Se levantó guerra en Gezer" nos dice la Biblia. Ese lugar es importante pues Gezer significa: cortador, separador. Lo que nos permite recordar que el enemigo procura separar matrimonios, traer conflicto entre hermanos, es el que corta o estorba la comunión con Dios.

Por eso es tan importante fortalecer el amor de Cristo en nuestros corazones para amar a Dios y al prójimo, amar la palabra de Dios y su voluntad para nuestra vida. El amor cubre multitud de faltas.

Aquel gigante se llamaba Sipai, nombre que significa: entrada, acceso. Al ser un enemigo del pueblo de Dios podemos concluir que es aquel o aquello que se opone a todo avance material, emocional y espiritual del cristiano. Es aquel que procura detener los planes de Dios en sus hijos.

Es aquel que quiere controlar las puertas y cerrarlas para que el hijo de Dios no conquiste lo que el Señor ha planeado entregar. Por eso Josué tuvo que enfrentar gigantes en la tierra prometida por Dios.

Quien venció aquel gigante se llamó Sibecai, palabra que traduce: tejedor, uno que une un hilo con otro. Como vemos representa a uno que no siembra discordia, más bien une, no siembra diferencias entre los hermanos, no promueve la murmuración, sino como está escrito procura que los fuertes sostengan a los débiles, que unos oren por los otros.

Es aquel que sabe que debe trabajar en equipo, no es egoísta, busca que Cristo sea glorificado y que todos desde lo recibido sirvan a Dios.

Conoce el poderoso principio del cuerpo, es decir cada uno de nosotros somos miembros importantes de un mismo cuerpo, la iglesia, por eso debemos orar los unos por los otros, y gozarnos cuando el Señor bendice a otro hermano o iglesia local, pues somos un mismo cuerpo.

Conclusión: Es el enemigo quien a través de la calumnia, la murmuración, las ofensas y otras cosas busca traer división y separación en el cuerpo de Cristo, pero Dios procura el amor como principio que gobierne nuestras vidas. El amor perdona y tolera, no busca lo suyo propio sino que Cristo sea glorificado.

(**Nota especial:** Sí deseas ser informado de nuestros próximos libros y las promociones gratuitas que ofreceremos, y sí aún no lo has hecho, envíanos tu correo electrónico a: contactolibrosgs@gmail.com . Será para nosotros un gusto que formes parte de nuestros contactos).

CAPÍTULO 11

MI PROVISIÓN VIENE DE DIOS

Introducción: La Biblia nos enseña a través de grandes milagros que Dios es quien envía la provisión sobre sus hijos, él no los descuida. Recordemos el conocido Salmo 23 "El Señor es mi pastor y nada me faltará". En él tenemos todas las cosas.

La derrota de Lahmi, 1 Crónicas 20:5.

"Y se volvió a levantar guerra con los filisteos; e hirió Elhanán hijo de Jair a Lahmi, hermano de Goliat geteo, el asta de cuya lanza era como de un rodillo de telar."

El nombre Lahmi significa: mi pan, mi guerra, guerrero. Es entonces figura de aquel enemigo del pueblo de Dios que quiere controlar la provisión, es uno que hace guerra para robar o detener las finanzas del creyente. Es uno que ata la provisión, trae ruina y fracaso económico.

Es interesante que hablando de la pereza el libro de Proverbios nos habla del hombre armado: Proverbios 6:10-11 "Un poco de sueño, un poco de dormitar, y cruzar por un poco las manos para reposo, así vendrá tu necesidad como caminante, y tu pobreza como hombre armado".

A la luz de estos textos se nos revela que la ruina es un hombre armado (esto es un ser espiritual equipado por las tinieblas para atacar las bendiciones materiales que Dios da a sus hijos, es uno que devora las finanzas del creyente).

Nos dice la Biblia que lo derrotó Elhanán, cuyo nombre significa: Dios es bondadoso, el favor o gracia de Dios me cubre. El pueblo del Señor debe creer y confiar en el cuidado de Dios, la duda e incredulidad fortalecen a ese gigante.

Dios es nuestro proveedor, recordemos que David dijo: "Joven fui, y he envejecido, y no he visto justo desamparado, ni su descendencia que mendigue pan" (Salmo 37:25). Dios tiene cuidado de sus hijos y no descuida la provisión para ellos.

Nuestra provisión viene del Señor, aun en la más grande adversidad, pues en medio del desierto a su pueblo le envió pan del cielo, es decir el maná y nunca dejó de caer hasta que entraron en la tierra prometida, porque él es fiel y cumple su palabra.

CAPÍTULO 12

HABLA LAS BUENAS PALABRAS DE DIOS

Introducción: Ante los obstáculos podemos expresar dudas, incredulidad y derrota, pero lo que debemos hacer es declarar o expresar las buenas palabras de Dios, sus promesas son fieles y verdaderas, él no miente, más bien busca corazones que le crean, pues "todo aquel que en él cree, nunca será avergonzado".

1 Crónicas 20:6-7 "Y volvió a haber guerra en Gat, donde hubo un hombre de grande estatura, el cual tenía seis dedos en pies y manos, veinticuatro en total; y también era hijo de un gigante. Desafió él a Israel, más lo mató Jonatán, hijo de Sima hermano de David"

La Biblia nos dice que el tercer gigante tenía veinticuatro dedos en total. Su nombre no nos es dado, pero sí lo que hacía. Él injuriaba a Israel (versículo siete). Injuriar se traduce de un término hebreo que significa además: ofensa, blasfemia, afrenta, hablar ásperamente. Entonces representa a uno que maldice, uno que ofende con malas palabras.

David dijo: (en Salmo 42:10) "mis enemigos me afrentan diciéndome cada día: ¿Dónde está tu Dios?". Mediante palabras éste gigante promueve el rechazo y el menosprecio.

Aún procura sembrar la duda y la incredulidad en el corazón del cristiano. Es uno que se opone o resiste el diseño de Dios.

La Escritura nos dice que lo mató Jonatán, cuyo nombre significa: dado por Dios. Es muy importante recordar aquí que el Señor le dijo a Moisés: "Envía hombres que reconozcan la tierra de Canaán, la cual yo doy a los hijos de Israel".

Ese territorio fue dado por Dios a su pueblo, pero al volver los espías (diez de ellos) dijeron que no era posible conquistar esa tierra, que allí habitaba la raza de los gigantes, que ellos eran como insectos o langostas a su lado.

Para vencer este gigante debemos creer y confesar las palabras de Dios por encima de lo que las circunstancias digan o lo que los demás digan. Josué y Caleb dijeron: "No temáis al pueblo de aquella tierra, porque nosotros los comeremos como pan; su amparo y fortaleza se ha apartado de ellos, y con nosotros está Jehová, no temáis" (Puedes leer Números 14:6-9).

Tal vez el enemigo traiga palabras de menosprecio, ofensa o incredulidad, no des lugar a esas palabras de mentira, más bien cree y declara la poderosa palabra de Dios y avanza, él ha prometido estar contigo todos los días. Declara lo que el Señor ya nos dio en la cruz del calvario, hablemos lo que Cristo alcanzó para nosotros al resucitar. En él somos más que vencedores.

Conclusión: Dios te ha equipado para derribar todo gigante que se levante contra ti. No consientas las palabras de menosprecio, más bien levántate en oración y expresa las buenas palabras de Dios a favor de tu vida y de los tuyos. El miedo y la incredulidad huyen ante la poderosa palabra del Señor.

CAPÍTULO 13

DEJA QUE DIOS HAGA SU OBRA EN TI

Introducción: En una ocasión una casa se incendió y había un niño dentro, él pudo correr, saltar y llegó al techo, había mucho humo y él gritaba pidiendo auxilio. Su padre le gritaba desde abajo: "hijo, lánzate yo te recibo en mis brazos". Pero el niño contesto: "Papi no te veo, no puedo verte..."

Su padre le respondió: "Lo más importante es que yo sí te veo, lánzate porque mis brazos te recibirán". El niño se lanzó y su padre lo recibió sin sufrir daño alguno. Así mismo tal vez no vemos las manos de Dios, pero él siempre nos cuida.

Cita bíblica: 1 Pedro 5:6-9 "Humillaos, pues, bajo la poderosa mano de Dios, para que Él os exalte cuando fuere tiempo; echando toda vuestra ansiedad sobre Él, porque Él tiene cuidado de vosotros. Sed sobrios, y velad; porque vuestro adversario el diablo, cual león rugiente, anda alrededor buscando a quien devorar; al cual resistid firmes en la fe, sabiendo que las mismas aflicciones han de ser cumplidas en vuestros hermanos que están en el mundo".

Dios es nuestra fortaleza.

El corazón humano tiende a ser ansioso, por eso es vital conocer y caminar en los tiempos de Dios, y depender de él para recibir sabiduría y fortaleza, y así tomar decisiones correctas y perseverar hasta alcanzar la voluntad del Señor.

Pedro por el Espíritu Santo escribe ésta epístola en el año 63 d.C. aprox. Según el primer versículo de ésta carta (1 Pedro 1:1) vemos que es dirigida inicialmente a la diáspora, es decir a los creyentes dispersos por toda Asia menor. Eran tiempos de persecución y oposición. Es una carta para animar y afirmar a los cristianos en el camino del Señor.

No permitas el gobierno de la ansiedad.

La ansiedad era algo con lo que Pedro luchaba, es muy importante tener presente que él era un hombre sanguíneo, es decir apresurado, emotivo, ansioso, precisamente por eso cometía errores con frecuencia. Pero aquí vemos a un Pedro diferente, que nos aconseja: “Echen su ansiedad sobre Cristo, porque él tiene cuidado de vosotros”.

Pero no sólo Pedro padeció el gobierno de la ansiedad, lo vemos también en el rey Saúl quien no siguió las instrucciones del profeta Samuel a quien debía esperar hasta el séptimo día para el sacrificio, pues Saúl al ver que muchos de sus soldados desertaban se apresuró a ofrecer el sacrificio y al llegar Samuel le hace ver su error: 1 Samuel 13:13

“Entonces Samuel dijo a Saúl: Locamente has hecho; no guardaste el mandamiento de Jehová tu Dios, que Él te había ordenado; pues ahora Jehová hubiera confirmado tu reino sobre Israel para siempre”

La ansiedad nos puede llevar a actuar con rebelión en el corazón, pues no se sigue el consejo de Dios, y actuamos alocadamente. Que interesante que el número 13 en la Biblia indica rebelión, y leemos aquí 1 Samuel capítulo 13 versículo 13. También Abraham se apresuró y tuvo un hijo con Agar, se llamó Ismael quien luego vino a ser espina para Israel. Permite que la paz de Dios llene tu corazón.

Es fundamental rendir nuestro corazón a Dios para hacer su voluntad por encima de nuestros deseos y anhelos personales. Es necesario ir a la presencia del Señor para ser llenos de su paz y así escucharemos con mayor facilidad su palabra e iremos por su camino. Es esto lo que en realidad el Señor quiere, él te lleva al destino que te ha preparado, puedes confiar en Dios.

Conclusión: El Señor ha dispuesto lo mejor para sus hijos, él espera que cada uno de nosotros caminemos en su voluntad y así no solo seremos bendecidos sino que su Nombres será glorificado en la tierra.

CAPÍTULO 14

CÓMO VENCER LA ANSIEDAD

Proverbios 11:15 "Con ansiedad será afligido el que sale por fiador del extraño; mas el que aborreciere las fianzas vivirá confiado".

En éste versículo vemos que al tomar una decisión vendrá como consecuencia la ansiedad (en éste caso ser fiador a futuro generará ansiedad nos dice la Biblia). Nos enseña el pasaje que la persona será afligida con ansiedad, es decir la persona no tendrá paz, ni descanso, su corazón vivirá en incertidumbre, y esto es aflicción.

Lo primero a tener en cuenta es que debemos tomar buenas decisiones para empezar evitando así la futura ansiedad.

Dios no quiere a sus hijos afligidos, ni en ansiedad: **Juan 14:27**. La frase "No se turbe vuestro corazón, ni tenga miedo". La palabra "turbar" se traduce del término griego "tarasso" que significa además: agitar, perturbar, provocar gran aflicción.

Entonces el enemigo procura infundir miedo y así arrebatar la paz del corazón del cristiano, cuando logra hacerlo trae turbación, preocupación, ansiedad, aún perturba y quita el sueño, lo que a la postre trae desgaste y aun enfermedades. Es necesario confiar en Dios y en oración poner en sus poderosas manos toda adversidad.

La palabra ansiedad en 1 Pedro 5:7 "echando toda vuestra ansiedad sobre Él, porque Él tiene cuidado de vosotros." se traduce del término griego "merimna" que significa también: afán, preocupación, aquello que causa distracción.

Podemos entonces concluir que el diablo procura infundir miedo o distraer mediante un problema presente o trayendo algo del pasado, y que así el cristiano deje de mirar a Jesucristo y se concentre en la dificultad.

Así la ansiedad se fortalece, la persona empieza a buscar soluciones por sí misma y no en Dios. Llegando a tomar malas decisiones y por ende con tristes resultados.

La ansiedad es como aquella angustia interna que procura sacarte del estado de paz y confianza en Cristo, y que ingreses en el terreno de la autosuficiencia donde las tinieblas gobiernan, y los resultados no son buenos. Cuando el hombre construye por sí mismo sin Dios, el Señor desbarata eso como hizo con la torre de Babel.

Como conclusión podemos decir que Dios desea que su paz gobierne nuestro corazón, y no permitir que la ansiedad perturbe la tranquilidad que sólo él nos puede dar. Mira más a Cristo que al problema, reflexiona más en sus promesas que las adversidades y así la paz de Cristo llenará tu corazón. Ora y deposita en las manos de Jesús todas tus necesidades, él es proveedor por excelencia.

(Te invitamos a conocer todos nuestros libros aquí en: Pastor Escritor Gonzalo Sanabria).

CAPÍTULO 15

LA FE EN DIOS PERSEVERA

Introducción: Pablo tuvo que superar muchos obstáculos en el camino, al igual que Abraham, Moisés, Josué, etc. Alcanzar los planes de Dios para nuestras vidas, implica perseverar y depender del Señor, no sólo porque él nos da la fuerza sino para hacer las cosas correctamente. Es necesario perseverar para que las promesas de Dios se hagan realidad.

1) En el camino hay obstáculos por superar, Mateo 14:22-24.

"Y luego Jesús hizo a sus discípulos entrar en una barca e ir delante de Él al otro lado, mientras Él despedía a las multitudes. Y despedidas las multitudes, subió al monte a orar aparte. Y cuando llegó la noche, estaba allí solo. Y ya la barca estaba en medio del mar, azotada por las olas, porque el viento era contrario."

Los discípulos han pasado un día maravilloso con el Señor pues miles han escuchado la palabra de Dios y allí Jesús realiza uno de sus grandes milagros: la multiplicación de los cinco panes y los dos peces. Mientras él despedía a la multitud mandó a sus discípulos ir en la barca al otro lado del mar de Galilea hacia Capernaúm.

Aunque estaban avanzando en la voluntad de Dios y en dirección hacia donde él había dicho, en el camino se encontraron con dificultades que superar (las olas y el viento contrario en éste caso).

Ser conscientes de esto es importante para no renunciar a mitad del camino, y más bien tener confianza en Dios quien nos ayudará a llegar al destino planeado por él mismo.

2) No te dejes distraer de tu objetivo.

Es interesante tener en cuenta que era el mar de Galilea, la palabra Galilea significa: circulo, podemos decir que cuando determinamos avanzar para el Señor el enemigo procurará traer cosas y obstáculos para hacer andar al cristiano en círculos y así evitar que avance hacia la meta.

Recordemos que fue así como le sucedió a Israel en el desierto donde por cuarenta años vagaron y fue la nueva generación la que entró a la tierra prometida. Es necesario "poner nuestros ojos en Jesucristo".

3) No demos lugar a la duda, pues Jesús cuida a sus discípulos, Mateo 14:25-27.

"Y a la cuarta vigilia de la noche, Jesús vino a ellos andando sobre el mar. Y los discípulos, viéndole andar sobre el mar, se turbaron, diciendo: ¡Un fantasma! Y dieron voces de miedo. Pero enseguida Jesús les habló, diciendo: ¡Tened ánimo; yo soy, no temáis!"

Los discípulos luchaban contra los vientos y las grandes olas, han invertido horas en ese viaje pues era la cuarta vigilia de la noche, la cual empezaba a las tres de la mañana (de la cual se dice es la hora más oscura de la noche), y fue cuando Jesús apareció, es decir cuando todo es más oscuro y difícil el Señor Jesucristo hace su aparición.

Los discípulos no reconocían a su Maestro, esto nos recuerda que Jesús nos sorprende, y otras veces sus maneras de actuar son tan sobrenaturales que nos cuesta trabajo ver que es su mano poderosa la que está haciendo la obra.

Con amor y paciencia el Señor anima a sus hijos para que el miedo no gobierne sus corazones, y esto es muy importante ya que el miedo hace más grandes las olas. El miedo magnifica los problemas, pero la fe se afirma en la grandeza de Dios.

CAPÍTULO 16

QUÉ COSAS AFECTAN LA FE

Introducción: Con frecuencia en el caminar de fe las tinieblas procuran estorbar e impedir el avance del hijo de Dios, allí es necesario proclamar y creer las poderosas promesas del Señor, pues todo aquel que en él cree nunca será avergonzado.

Mateo 14:28-32 "Entonces le respondió Pedro, y dijo: Señor, si eres tú, manda que yo vaya a ti sobre las aguas. Y Él dijo: Ven. Y descendiendo Pedro de la barca, caminó sobre las aguas para ir a Jesús. Pero viendo el viento fuerte, tuvo miedo; y comenzando a hundirse, dio voces, diciendo: ¡Señor, sálvame! Y al instante Jesús, extendiendo su mano, trabó de él, y le dijo: ¡Hombre de poca fe! ¿Por qué dudaste? Y cuando ellos entraron en la barca, se calmó el viento. "

En éste pasaje bíblico y en el versículo 24 podemos identificar varios enemigos de la fe que vienen para estorbar o impedir tu avance hacia el plan de Dios:

a) <u>Los vientos contrarios</u>: representan la oposición, aquello que no quiere que el cristiano avance. Hablamos de cosas como el rechazo, menosprecio, burla, calumnias, envidias, etc.

b) Las grandes olas que azotan la barca: representan aquellos ataques demoniacos y dardos que el enemigo lanza contra los hijos de Dios procurando destruir la familia, la vida, los planes que el Señor pone en el corazón de sus hijos, o ataques procurando destruir el ministerio o llamado de Dios.

c) Los temores propios (el texto bíblico dice "Pedro tuvo miedo"): a veces los fracasos del pasado o heridas no sanadas reaparecen para impedir que el cristiano confié en el Señor, y dude de lo que Dios está haciendo y quiere hacer.

d) El miedo a lo nuevo: esto nunca antes había ocurrido, es decir nadie había caminado sobre las aguas (Dios nos sorprende con cosas nuevas). Pedro comenzó a caminar cuando Jesús le dijo: "Ven", entonces más bien él caminaba sobre la palabra de Dios.

Pedro caminó sobre lo que Jesús dijo y mientras su fe estuvo sobre esa palabra pudo hacerlo, pero "al ver el fuerte viento" comenzó a hundirse, ya que el viento no puede verse, creo que Pedro veía el agitado y enfurecido mar, y concluyó que no era posible hacer eso y empezó a hundirse.

Cuando miramos más los problemas que a Dios, o cuando damos más valor a la adversidad que a las buenas promesas del Señor nuestros pies comienzan a hundirse.

e) No dejes de confiar en Dios: Al sentir que se hundía Pedro clamó a Dios diciendo "Señor, sálvame" y "Jesús extendiendo la mano, asió de él" el Señor conoce nuestra condición y sabe que a veces nuestro corazón tiene crisis de fe, pero él siempre está allí, con sus oídos abiertos para escuchar nuestro clamor y su mano preparada para levantar nuestro corazón cuando desfallece.

Conclusión: Al final nos dice el versículo 32, "cuando subieron a la barca, se calmó el viento" Jesús sigue clamando tormentas, él tiene poder sobre toda circunstancia, no importa de qué tamaño son las olas y cuan fuerte es el viento contrario, Dios está de tu lado. Puedes confiar en él.

CAPÍTULO 17

DIOS NOS DA FUERZAS PARA SEGUIR

Introducción: Ante la oposición y las dificultades el creyente puede experimentar la fatiga y el desánimo pero Dios viene con su fuerza y poder para levantarlo, es necesario seguir adelante con la fortaleza del Señor, pues adelante hay una gran victoria por alcanzar.

El poder del Espíritu Santo nos fortalece para perseverar (Jeremías 20:9).

"Y dije: No me acordaré más de Él, ni hablaré más en su nombre: Pero su palabra fue en mi corazón como un fuego ardiente metido en mis huesos, traté de sufrirlo, y no pude."

Como podemos ver el profeta Jeremías intentó no predicar más, procuró no profetizar más, pensó en no acordarse más de Dios, pero había en su corazón un fuego ardiente metido hasta sus huesos, fuego que no pudo soportar ni retener, cuando pensó en no seguir adelante aquel fuego del Espíritu Santo le dio la fuerza para perseverar y avanzar hacia lo que Dios le había preparado. El profeta luchaba contra diferentes obstáculos y enemigos:

a) Los hebreos se burlaban de él (Jeremías 20:7 "Me confundiste, oh Jehová, y fui confundido; más fuerte fuiste que yo, y me venciste; cada día he sido escarnecido; todos se burlan de mí").

Dios persuadió con su amor a su hijo Jeremías para que le sirviera, sin embargo muchos se burlaban de él. Cuando decides seguir a Cristo y servirle el enemigo usará la burla como arma para desanimarte.

b) La misión de Jeremías fue difícil (Jeremías 20:8 "Porque desde que hablo, doy voces, grito: Violencia y destrucción; porque la palabra de Jehová me ha sido para afrenta y escarnio cada día").

El tiempo del profeta Jeremías fue un periodo difícil, pues por la idolatría en Judá Dios permitió la destrucción de Jerusalén por parte del ejército babilónico y los judíos fueron llevados cautivos a Babilonia.

Los mensajes proféticos de Jeremías eran de juicio y proclamaba que la voluntad de Dios era que se sometieran a Babilonia, que debían ir en cautiverio y tener hijos y vivir allá el tiempo que el Señor dispusiera. Por eso los judíos lo tenían por traidor, él experimentaba el rechazo y el menosprecio.

c) El profeta enfrentó oposición y traición (Jeremías 20:10 "Porque oí la murmuración de muchos, temor de todas partes: Denunciad, y denunciaremos. Todos mis amigos miraban si claudicaría. Quizá se engañará, decían, y prevaleceremos contra él, y tomaremos de él nuestra venganza").

Aún sus amigos lo abandonaron, los reyes y líderes de Judá procuraban deshacerse de él. Enfrentaba aún calumnias y rechazo por parte de sus contemporáneos profetas, quienes profetizaban mal en su contra, no siendo guiados por el Espíritu Santo.

Debemos tener presente que Dios nos manda a orar por nuestros enemigos, bendecir a quienes nos maldicen, Jesús nos enseña a caminar en perdón, y poner nuestros ojos en él, porque ciertamente los hombres nos fallaran, pero aquel que confía en Dios prevalecerá.

d) Dios está contigo (Jeremías 20:11a "Mas Jehová está conmigo como poderoso gigante; por tanto los que me persiguen tropezarán, y no prevalecerán"). Tiene mucha relevancia la expresión del profeta Jeremías "Mas Jehová está conmigo como poderoso gigante". Es el único texto en la Biblia donde se presenta a Dios como "poderoso gigante".

Ya que era Babilonia la potencia mundial de aquel entonces, tenía el más grande y poderoso ejército, la ciudad capital era la más importante y hermosa (de hecho tenía lo que hoy se considera una de las siete maravillas del mundo antiguo: los jardines colgantes de Babilonia). Se destacaban sus altas y gruesas murallas que protegían la ciudad.

El profeta era repudiado por los reyes de Judá, por los sacerdotes y el pueblo en general. Ante toda esa gran oposición y el gran imperio de Babilonia, Jeremías fortalecido por el fuego del Espíritu Santo dice: "Mas Jehová está conmigo como poderoso gigante".

Así que él concluye: "quizá la oposición sea grande, tal vez Babilonia tenga mucho poder, a lo mejor arrecie el enemigo, pero Dios está conmigo y como poderoso gigante me defenderá y cumplirá su propósito en mí. El enemigo delante de mí caerá, porque es más grande el que está conmigo".

e) No podemos ignorar las maquinaciones del enemigo. El amor por Dios tiene enemigos, las tinieblas procuran traer un ambiente de frialdad espiritual, las excesivas ocupaciones que impiden tener tiempo con Dios, la rutina religiosa que impide renovarse en Dios y por lo tanto viene la fatiga y el desgaste, el desánimo y la duda que estorban la fe en el Señor y en su poder.

Conclusión: Recordemos aquí la expresión "Mas Dios está conmigo como poderoso gigante" pues nos enseña que aunque vengan gigantes, aunque las tinieblas lancen sus dardos de fuego y el enemigo quiere estorbar la obra de Dios y sus planes, mayor es el Señor y sus propósitos se cumplirán. Permite a Dios renovar el fuego del Espíritu Santo en tu corazón y persevera. El Señor hará cosas maravillosas.

CAPÍTULO 18

DIOS CUMPLE SUS PLANES

Introducción: A veces podemos pensar cosas como ¿Por qué Dios no hizo esto o aquello? ¿Por qué Dios tarda tanto? Etc. Pero el Señor sabe lo que hace y cuando hacerlo, a nosotros nos corresponde seguir su voluntad y cuando hacemos esto siempre veremos el mejor final.

Camina de acuerdo a la dirección de Dios (Hechos 7:23-25)

"Y cuando cumplió la edad de los cuarenta años, le vino a su corazón el visitar a sus hermanos, es decir los hijos de Israel. Y viendo a uno de ellos que era maltratado, lo defendió, y matando al egipcio, tomó venganza por el oprimido. Y él pensaba que sus hermanos comprendían que Dios les había de dar libertad por su mano; pero ellos no lo habían entendido así."

Es maravilloso ver cómo aunque Moisés había pasado la mayor parte de su vida en la corte egipcia tenía claro que Dios lo usaría como libertador de Israel. Hechos 7:25 nos dice que él pensaba que los hebreos comprendían ya que él era el libertador, pero no fue así.

Ese no era el tiempo de actuar, era el tiempo de formarse en Dios, conocerlo y aprender a escuchar su voz para seguir su dirección. Moisés tenía que aprender como nosotros a caminar en los tiempos del Señor.

Moisés tenía el llamado de Dios, pero además tenía que seguir la dirección divina. A veces quisiéramos hacer ciertas cosas y verlas en nuestra vida rápidamente porque Dios lo ha prometido, pero aunque él lo haya dicho no significa que lo hará inmediatamente, sin duda lo hará en su tiempo. El mejor tiempo es el de Dios.

Dios protege sus planes (Éxodo 2:15).

"Y cuando Faraón escuchó esto, procuró dar muerte a Moisés; pero Moisés huyó de delante del Faraón, y vino y habitó en la tierra de Madián; y se sentó junto a un pozo."

Ante lo sucedido Moisés huye y se va a vivir a la tierra de Madián. Es un viaje de 500 kms aproximadamente. Región en el desierto del norte de Arabia. Su error no sólo lo hizo huir sino esconderse. Leamos **Hechos 7:29** (y Éxodo 18:3-4 nos da los nombres de sus dos hijos), estos nombres a través de sus significados nos permiten ver la condición del corazón de Moisés:

Gerson: extranjero aquí.
Eliezer: Dios es ayuda.
Madián: disputa, lucha, uno que regaña o reprende.

Entonces Moisés sabía que Dios lo había protegido y ayudado, pero sabía también que era allí un extranjero, él sabía que ese no era su lugar ni su destino, y en su corazón luchaba con su llamado, y quizá se reprendía a si mismo por el error cometido. Pensaba quizá que él había dañado todo el plan de Dios, a pesar de todo el Señor lo había protegido.

Dios no olvida ni desecha sus propósitos.

Sin embargo el Señor no se había olvidado de Moisés ni de su plan, Dios no lo había desechado a pesar de lo sucedido. A su tiempo el Señor lo visita en una zarza ardiendo allí le habla, y lo llama a cumplir el plan para el cual había nacido. Dios es fiel y poderoso para hacer conforme a sus propósitos.

Reflexión final: Es muy importante perseverar a pesar de los errores y tropiezos, fortalecernos en Dios, entrar en su presencia y él nos guiará a nuestro destino. Él puede transformar la adversidad y la crisis en una gran victoria.

CAPÍTULO 19

JESÚS NOS LIBERA DEL PECADO

Introducción: En ocasiones un manto de tristeza viene sobre una persona por sus errores o pecados cometidos, le cuesta trabajo creer y recibir el perdón de Dios y por eso se acusa a sí misma. El sermón de hoy nos enseña la bondad y poder de Dios que perdona, sana y restaura al caído.

Jesús nos libera de la aflicción y tormento del pecado (Mateo 9:2)

"Y sucedió que le trajeron un paralítico, tendido sobre una cama; y al ver Jesús la fe de ellos; dijo al paralítico: Ten ánimo, hijo; tus pecados te son perdonados".

Es éste sin duda un versículo con mucha enseñanza para nosotros hoy:

a) "Le trajeron un paralítico": lo que nos deja ver la fe de aquellos que lo trajeron a Jesús, ellos tenían la certeza de que el Señor haría algo en la vida de este hombre.

b) "Al ver Jesús la fe de ellos": con su acercamiento, búsqueda y perseverancia (pues seguramente tuvieron obstáculos que superar: multitudes rodeaban a Jesús, el peso del hombre y de su cama, los comentarios contrarios de algunos, etc) ellos hicieron evidente su fe en el Señor y esto agradó a Jesús.

c) Jesús le dijo: “Ten ánimo, hijo”. Palabras que muestran su triste condición emocional. El desánimo llenaba su corazón. La expresión “hijo” era muy diferente a las palabras de condenación y menosprecio que escuchaba, pues para los judíos él estaba bajo pecado o juicio de Dios. Las palabras de Jesús dan ánimo.

d) “Tus pecados te son perdonados”: El pecado aflige, entristece, deteriora la vida. Lo primero que Jesús aborda en el corazón de aquel hombre es el perdón de sus pecados. El Señor sabía que era lo primero que había que solucionar en su corazón. Sus pecados y la ausencia de solución a estos le habían robado el ánimo, la esperanza y la fe de una nueva oportunidad de vida. Lo más seguro es que él pensaba que su vida terminaría paralítico en una cama.

e) El pecado no solucionado produce un peso de acusación y un manto de tristeza. Su paga es la muerte. **Colosenses 2:13-14** “Y a vosotros, estando muertos en pecados y en la incircuncisión de vuestra carne, os dio vida juntamente con él, perdonándoos todos los pecados, anulando el acta de los decretos que había contra nosotros, que nos era contraria, quitándola de en medio y clavándola en la cruz” nos habla del acta de los decretos que había contra nosotros.

"Acta" desde el griego bíblico indica documento de deuda escrito a mano. Esa acta es el registro de todos nuestros pecados, registro que nos era contrario, nos acusaba y condenaba.

Esa acta Cristo la quitó de en medio ¿en medio de que o de quiénes? Hace referencia a la separación entre Dios y los hombres que provoca el pecado, y Jesús la quitó de en medio y la clavó en la cruz, ese gran listado de pecados que nos condenaba y afligía fue clavado en la cruz, Jesús llevó el castigo por esos pecados y su sangre borró el contenido del acta, y por eso hoy somos libres de condenación eterna.

Cuando Jesús dijo al paralítico: "tus pecados te son perdonados" de sus hombros cayó un gran peso al suelo. La luz de Cristo resplandeció en su corazón y la acusación y condenación perdieron su fuerza y poder en él. Cristo lo hizo libre.

Conclusión: Cristo es quien perdona nuestros pecados, su mano poderosa siempre está extendida para socorrernos y ayudarnos en todo tiempo. Puedes acudir a él con toda tu confianza y fe, él es nuestro Salvador siempre.

CAPÍTULO 20

PODEMOS SUPERAR LOS OBSTÁCULOS

Introducción: Los planes de Dios enfrentan oposición, enemigos y obstáculos, pero el poder de Dios siempre nos llevará en victoria. Cada crisis es una oportunidad para crecer en fe y ver mayores obras del Señor, no hay problema más grande que nuestro Dios.

1) Las dificultades terminan siendo instrumentos divinos (Hechos 8:1-4).

"Y Saulo consentía en su muerte. Y en aquel tiempo fue hecha una gran persecución contra la iglesia que estaba en Jerusalén; y todos fueron esparcidos por las tierras de Judea y de Samaria, salvo los apóstoles. Y unos varones piadosos llevaron a *enterrar* a Esteban, e hicieron gran lamentación por él. Y Saulo asolaba la iglesia entrando de casa en casa, y arrastrando hombres y mujeres *los* entregaba en la cárcel. Pero los que fueron esparcidos, iban por todas partes predicando la palabra".

En ésta porción bíblica podemos ver varios asuntos muy importantes, veámoslos al detalle:

a) Saulo consintió la muerte de Esteban. La palabra consentir desde el griego nos quiere decir que Saulo estuvo de acuerdo, aprobó, se complació con aquella muerte.

b) Fue un día de gran persecución contra la iglesia que estaba en Jerusalén, fueron esparcidos por Judea y Samaria. Además Saulo asolaba la iglesia, con gran ímpetu iba casa por casa arrastrando a los cristianos, hombres y mujeres eran llevados a la cárcel.

c) La Biblia nos dice que a los pies de Pablo pusieron sus ropas los testigos falsos para apedrear a Esteban. También Saulo consintió la muerte de Esteban y luego perseguía y asolaba la iglesia.

Tres cosas negativas vemos en Saulo, ciego por su celo religioso Saulo pensaba que hacia lo correcto. Con las cosas negativas que hemos leído y las que no, creo que no lo tendríamos por candidato para ser apóstol de Jesús.

Sin embargo Dios lo escogió, lo llamó y lo equipó para un poderoso ministerio, pues no depende del que quiere, ni del que corre, sino de Dios que tiene misericordia.

d) El versículo cuatro nos dice que "Los que fueron esparcidos iban por todas partes anunciando el evangelio". Dios había enviado su Espíritu Santo sobre la iglesia, y tenía esto una razón muy importante, Jesús les había dicho:

"Recibiréis poder, cuando venga sobre vosotros el Espíritu Santo, y me seréis testigos en Jerusalén, en toda Judea, en Samaria, y hasta lo último de la tierra".

Ellos habían sido testigos en Jerusalén, pero no lo estaban haciendo en Judea, Samaria y en toda la tierra, entonces Dios permitió la persecución para que fueran. Por eso las dificultades terminan siendo instrumentos divinos.

2) Dios nos fortalece para perseverar (Hechos 8:5).

Es muy interesante tener en cuenta aquí que según Hechos 7:5 Esteban y Felipe eran compañeros en el servicio de la iglesia de Jerusalén. Él vio seguramente lo que le hicieron a Esteban, perdió un amigo y de qué manera. Pero en vez de desanimarse o renunciar, Felipe se fortaleció en Dios y guiado por el Espíritu Santo va a Samaria a predicar la palabra del Señor.

3) Detrás de toda adversidad hay una gran victoria (Hechos 8:6-8).

Como resultado de hacer la voluntad de Dios, es decir ir por Judea, Samaria y demás lugares, podemos ver un poderoso respaldo del Señor con Felipe, pues cuando hacemos la voluntad de Dios seremos bendecidos y respaldados. Muchos espíritus inmundos salían, paralíticos y cojos eran sanados, y había gran gozo en aquella ciudad.

Antes habían vivido oposición de escribas y fariseos, persecución y maltrato por parte de los sacerdotes y autoridades, había muerto Esteban, pero ahora se conquista una ciudad para Cristo. Toda Samaria estaba viviendo el gozo de la salvación en Cristo Jesús. Quizá pasamos por tiempos y sucesos difíciles, pero ten presente detrás de toda adversidad hay una gran victoria.

Conclusión: Nada toma a Dios por sorpresa, nuestra vida le pertenece al Señor, y él sabe lo que hace. Podemos ir a su presencia y orar, depositar nuestras dificultades, sueños y proyectos en sus manos, él hará lo mejor para cada uno de nosotros. Fortalécete en su presencia, hay muchas victorias por alcanzar.

CAPÍTULO 21

NO DEMOS LUGAR AL DIABLO

Introducción: Es muy interesante el encuentro que Abram tuvo con el rey de Sodoma según el libro de Génesis, pues vemos que aquel espíritu (Sodoma) sigue procurando engañar al pueblo de Dios hoy. El Señor desea bendecir a sus hijos, pero siempre debemos tener en cuenta que es Dios quien debe ocupar el primer lugar en nuestro corazón.

Cuidado con el rey de Sodoma (Génesis 14:17, 21).

"Cuando volvía Abram de la derrota de Quedorlaomer y de los reyes que con él estaban, salió el rey de Sodoma a recibirlo al valle de Save, que es el valle del Rey... Entonces el rey de Sodoma dijo a Abram: Dame las personas, y toma para ti los bienes".

Éste rey se entera de la victoria de Abram y sale a recibirlo, y le hace una propuesta al patriarca: "Dame las personas, y toma para ti los bienes". Propuesta que las tinieblas siguen haciendo hoy día, a Jesús el tentador le dijo: "Todo esto te daré (los reinos del mundo y su gloria), si postrado me adoras".

Jesús le respondió diciendo: "Vete Satanás, porque escrito está: Al Señor tu Dios adorarás, y a él sólo servirás". El espíritu de Sodoma sigue hablando hoy día: "Dame tu alma y toma los bienes".

Es muy interesante ver que inmediatamente después de Abram recibir pan y vino, y diezmar vino el rey de Sodoma con esa propuesta. Entonces el enemigo continuamente lanza dardos de duda y mentira: "No lo hagas, eso no es cierto" "No participes de la Cena del Señor" "No des para la obra de Dios" etc, y con frecuencia el cristiano cae en la trampa, cambiando su amor a Dios y su bendición por otras cosas.

Es Dios quien nos protege. El profeta Malaquías nos dice en 3:11 "Reprenderé por vosotros al devorador, y no os destruirá el fruto de la tierra, ni vuestra vid en el campo será estéril, dice Jehová de los ejércitos". También cuando Dios exaltaba la fidelidad de Job, el diablo le dijo: ¿"No le has cercado alrededor a él, a su casa y a todo lo que tiene?".

Entonces el diablo veía y sabía del cerco que Dios había puesto sobre Lot, sobre su familia y sobre sus bienes (los cuales eran tierras, fincas, casas, ganados, cosechas, etc). Dios es quien bendice y protege nuestros bienes.

Es muy importante tener en cuenta la respuesta de Abram: **Génesis 14:22-23** "Y respondió Abram al rey de Sodoma: He alzado mi mano a Jehová, Dios Altísimo, Creador de los cielos y de la tierra, que desde un hilo hasta una correa de calzado, nada tomaré de lo que es tuyo, para que no digas: Yo enriquecí a Abram". Vemos entonces que:

a) Abram sabía muy bien que su bendición y provisión venía de Dios.

b) Abram no quiso aceptar bienes manchados de maldad (Sodoma).

c) Abram con sus bienes quiso sólo darle gloria y honra a Dios.

Conclusión: Sin duda Dios nos quiere bendecir, él mismo nos enseña los principios para administrar sus bendiciones, y no podemos descuidar a Aquel que debe mantener el primer lugar: Dios mismo. Nuestro socorro viene de Jehová que hizo los cielos y la tierra. A él sea la gloria siempre.

CAPÍTULO 22

LOS OBSTÁCULOS NOS AYUDAN A CRECER

Introducción: Sin duda todos tenemos obstáculos que superar, o adversidades que derrotar, y es Jesús quien nos da fuerzas para perseverar y vencer. Es muy importante ver en cada dificultad una oportunidad para buscar a Dios y ver su gloria manifestada, cada problema es una ocasión para ver el poder de nuestro Señor Jesús.

Marcos 10:48 nos dice "Muchos reprendían a Bartimeo para que callase, pero él clamaba mucho más: Hijo de David, ten misericordia de mí".

Cuando decidimos buscar a Dios, o perseverar procurando un milagro del Señor, o resolvemos con firmeza seguir a Cristo o servirle, aparecerán obstáculos que superar en el camino, oposición por parte del enemigo, etc, y Bartimeo no fue la excepción, pero ante todo esto Dios nos ha prometido la victoria.

Según el texto bíblico Bartimeo tuvo varios obstáculos que superar, veamos algunos:

a) En primer lugar el versículo 46 nos dice que a Jesús lo seguía "una gran multitud", así que, sí ya era difícil llegar al Maestro viendo, imagínate lo difícil siendo ciego.

b) El versículo 48 nos dice que "Muchos lo reprendían para que callase". La palabra reprender desde el griego bíblico indica: exigir severamente, advertir con amenaza. Entonces los "muchos" no le pedían el favor de hacer silencio, sino que se imponían y con voz amenazante quieran callarlo.

c) Desechó el miedo a tropezar con muchas cosas que seguro encontraría en el camino a Jesús.

La Biblia nos dice que ante todo esto "él clamaba mucho más". Su deseo por un profundo cambio en su vida era más fuerte que la voz de la oposición, era más grande que los obstáculos, era más fuerte que el miedo a las amenazas.

Las tinieblas van a procurar traer desánimo, miedos, incredulidad, pero como Bartimeo son los que perseveran los que alcanzan grandes cosas en el Señor.

<u>La obra de Jesús es maravillosa</u>, Marcos 10:49.

"Entonces Jesús, deteniéndose, mandó a llamarle; y llamaron al ciego, diciéndole: Ten confianza, levántate, te llama".

La primera palabra del versículo 49 "Entonces" nos muestra lo que se genera ante el perseverante clamor de Bartimeo, la oración nunca se pierde, Dios la toma en copas de oro, y será usada con poder en el momento indicado. Jesús no sigue su camino a Jerusalén, el Señor se detiene para atender a aquel que le busca con insistencia, y mandó a llamarle.

¿Quién es aquel que me llama? Seguramente preguntaba Jesús, y el Rey de reyes mandó a llamarlo. Los que antes le decían a Bartimeo: "Cállate, no molestes más", ahora le dicen: "Ten confianza; levántate, te llama".

Que honor, que privilegio, que ante tan grande multitud el llamado por Jesús sea Bartimeo. El ciego, el mendigo, el que vivía en tinieblas y ruina, ahora debe venir ante el Rey.

Nos dice el pasaje paralelo en Lucas 18:40 "Jesús entonces, deteniéndose, mandó traerle a su presencia". Y esto no sólo nos habla del privilegio de estar en la presencia de Dios, sino de todo lo que puede pasar cuando estamos ante el Señor.

Dios es bueno, Jesús tiene el poder para transformar a todo aquel que se acerca a él, búscalo y prepárate porque en su presencia todo puede pasar.

En la presencia de Dios ocurren cosas maravillosas:

a) En su presencia Salomón pidió sabiduría y Dios le dio mucha, además de una gran prosperidad.

b) En su presencia el perseguidor Saulo de Tarso dijo: "¿Señor, qué quieres que yo haga?" y pasó de ser un perseguidor a ser un gran predicador.

c) En su presencia el desechado y desterrado a la isla de Patmos por predicar el evangelio, el apóstol Juan recibió la revelación del Apocalipsis.

d) A la presencia de Jesús acudían cojos, paralíticos, enfermos y endemoniados y eran sanados y liberados, porque en su presencia todo puede pasar.

Conclusión: Muchas cosas aparecerán en nuestro caminar de fe y en ocasiones intentarán apartarnos de Dios o arruinar nuestra comunión con él, es en estos tiempos cuando la perseverancia debe brillar. Fortalécete en Dios, avanza, sólo es cuestión de tiempo y verás la gloria del Señor a tu favor.

CAPÍTULO 23

DIOS NOS LIBRA DEL PELIGRO

Introducción: Ante el surgimiento de los enemigos y la adversidad Dios es nuestro refugio y escondedero, él es nuestro escudo y fortaleza, aunque los vientos contrarios sean fuertes y las olas golpeen con fuerza, es Cristo nuestro salvador, su poder siempre estará por encima de toda tormenta.

Nos dice la Biblia en Judas 24 "Y a aquel que es poderoso para guardaros sin caída, y presentaros sin mancha delante de su gloria con gran alegría".

Vemos en primer lugar que se destaca el poder de nuestro Dios, sin duda él es Todopoderoso, Creador de los cielos y de la tierra, eterno y por siempre vencedor, y es por su poder que se sostiene todo lo creado. Es quien capacita y da poder a los hombres para lograr sus propósitos diseñados desde antes de la fundación del mundo.

En éste caso en particular el poder de Dios está relacionado con su cuidado y protección para cada uno de sus hijos, él es poderoso para guardarnos sin caída, él nos libra de la trampa o lazo del cazador, él nos salva del peligro que acecha en el camino, él nos fortalece para superar los obstáculos que aparecen o para vencer al enemigo.

El reino de las tinieblas procura generar problemas y crisis profundas y extensas para desgastar así al hijo de Dios, y por lo tanto detener su avance. Otra estrategia del enemigo de nuestras almas es generar multitud de ocupaciones y con diversas tentaciones procura hacerlo caer y así detener el plan divino. Sin embargo la Escritura nos enseña que Dios es poderoso para preservarnos del mal.

La frase "presentarnos sin mancha delante de él" hace referencia a aquel maravilloso momento en el que su iglesia sin mancha y sin arruga se encuentre con el Señor en el aire (esto es el arrebatamiento).

Entonces su poderoso cuidado también nos habla del poder de su sangre que nos limpia de pecado ("mancha") y le recuerda al enemigo que fue destruido en la cruz del calvario por nuestro Señor Jesucristo.

Nos dice además el versículo "con gran alegría" vemos entonces cuán grande es el gozo de Dios al venir al encuentro de sus hijos, al saber que se reunirá con su iglesia y también es razón de nuestro gozo, pues estaremos para siempre con el Señor.

Esto no sólo nos recuerda la importancia de la comunión con Dios, sino que debe llevarnos a crecer en ella, pues ésta genera en el corazón de Dios gran alegría. El Padre se goza cuando sus hijos están con él.

En la presencia de Dios hay plenitud de gozo, todo aquel que habita en su presencia no sólo será bendecido y protegido, además será un motivo de alegría para el corazón del Padre Celestial.

Conclusión: Los ojos de Dios están sobre ti cada día, él es tu protector y proveedor, él tiene cuidado de sus hijos, por eso podemos decir confiadamente "El Señor es mi ayudador, no temeré".

CAPÍTULO 24

DIOS ES MÁS GRANDE QUE TU DEBILIDAD

Introducción: El enemigo del pueblo de Dios procura enredar, confundir o hacer tropezar al cristiano de manera que su propósito de vida no se cumpla.

Con frecuencia ante la batalla espiritual el creyente se desgasta o puede desanimarse y renunciar, y esto es precisamente lo que el enemigo quiere, pero la Biblia nos aconseja: "Fortaleceos en el Señor y en el poder de su fuerza". No hay obstáculo más grande que el poder del Señor.

"Pues mirad hermanos vuestra vocación, que nos sois muchos sabios según la carne, ni muchos poderosos, ni muchos nobles, sino que lo necio del mundo escogió Dios, para avergonzar a los sabios; y lo débil del mundo escogió Dios, para avergonzar a lo fuerte..." 1 Corintios 1:26-29.

Somos llamados por la misericordia divina.

Cuando Dios nos llama a servirle en cualquiera área, con frecuencia podemos luchar con el sentimiento de indignidad, y la ausencia de capacitación idónea. En la Biblia vemos algunos casos como Moisés quien se negó varias veces al llamado divino, así como Gedeón y Jeremías.

Ésta situación se debe a que pensamos que es por nosotros mismos que el Señor nos llama, pero en realidad no es así, es por la misericordia y poder de Dios.

El Señor le habla a los Corintios y les hace caer en cuenta que están siguiendo el camino de la fe en Cristo porque él mismo se ha ocupado de hacerlos venir, y los ha bendecido con sus dones sobrenaturales, y todo eso lo ha hecho no porque haya entre ellos sabios, poderosos o fuertes, sino por su amor y misericordia. Tener esto presente nos libra de ser presa del orgullo y la soberbia.

Dios ve lo que otros y nosotros no vemos.

Podemos considerar por ejemplo a Pedro, uno de los discípulos de Jesús. Nacido en la región de Galilea, tierra distante de la capital Jerusalén, y sus habitantes no eran considerados hebreos puros (pues ante las conquistas de estas tierras en el pasado se habían mezclado con otros pueblos).

Los galileos eran menospreciados y rechazados por los habitantes de Jerusalén, pero de Galilea fue de donde Jesús llamó a sus primeros apóstoles.

Galilea era una región con poca escolaridad y por tanto no tenían la mejor instrucción o capacitación. Pedro nos dice la

Biblia era un pescador del mar de Galilea, y al observar en detalle su carácter según la Escritura vemos que era un hombre inconstante, brusco, e impulsivo.

Sin embargo vemos que el Señor Jesús lo llamó a ser uno de los doce apóstoles. No se trata pues de nosotros, sino de lo que Dios puede hacer. Jesús vio en Pedro un gran potencial y lo usó poderosamente: Hechos 4:13-14

"Entonces viendo el denuedo de Pedro y de Juan, y sabiendo que eran hombres sin letras e ignorantes, se maravillaban; y les reconocían que habían estado con Jesús. Y viendo al hombre que había sido sanado, que estaba de pie con ellos, no podían decir nada en contra".

Conclusión: Dios es Todopoderoso, él toma lo débil y necio para avergonzar a los fuertes y sabios, de ésta manera el Señor nos recuerda que toda la gloria es de él. Lo que Dios busca es corazones dispuestos a hacer su voluntad.

CAPÍTULO 25

LO MÁS IMPORTANTE

Introducción: A veces por las dificultades en ésta tierra se nos olvida por momentos las grandes verdades eternas, a veces permitimos que ciertos problemas nos quiten el gozo de nuestro corazón, pero es necesario mantener presente que Cristo vuelve y que estaremos para siempre con él.

Filipenses 4:3 "Asimismo te ruego también a ti, compañero fiel, que ayudes a éstas que combatieron juntamente conmigo en el evangelio, con Clemente también y los demás colaboradores míos, cuyos nombres están escritos en el libro de la vida".

Después de que el apóstol destaca el servicio diligente y valiente de Evodia y Síntique, juntamente con Clemente, nos recuerda algo muy importante: "cuyos nombres están en el libro de la vida". Pues esto nos permite hacer varias reflexiones aquí:

a) Aquel cuya certeza es que tiene escrito su nombre en el libro de la vida, a Cristo sirve, pues Pablo dice: "Colaboradores míos... en el evangelio".

b) En el libro de la vida está escrito el nombre de toda persona que ha nacido de nuevo, es decir que ha sido lavada con la sangre del Cordero de Dios, Jesucristo el Señor.

Veamos ahora Apocalipsis 20:11-15, donde los pecados no lavados por la sangre de Jesús siguen escritos en los libros y llevarán a condenación eterna, en contraste todo aquel que se acerca a Jesús, y pide a Dios perdón, la sangre del Cordero lava aquellas páginas registradas con nuestros pecados.

En aquel momento nuestro nombre es escrito en el libro de la vida y por tanto somos liberados de la condenación, pues aquellos cuyos nombres están escritos en el libro de la vida no irán a muerte eterna, sino que viviremos y estaremos para siempre con el Señor, y ésta es el más grande motivo de nuestro gozo, por eso "Regocijaos, otra vez os digo regocijaos".

c) Es muy interesante ver que el Espíritu Santo nos recuerda el libro de la vida en éste contexto. Es decir en medio de las diferencias de Evodia y Síntique, leer Filipenses 2:2. Dios quiere recordarnos que nuestro destino es reinar con él, que estaremos para siempre en su presencia, y que por eso debemos a aprender a convivir con el otro, pues estaremos juntos en la eternidad.

d) Lo más importante no es lo que hacemos, sino lo que somos. Lo más importante no es el título, sino el corazón. Somos hijos de Dios, esperamos del cielo a nuestro Señor y

Salvador, Jesucristo. El Maestro también tuvo que recordárselo a sus discípulos, leamos **Lucas 10:17-20**.

Según Lucas 10 Jesús les enseña a sus discípulos que hay una razón mucho más poderosa para gozarse que echar fuera demonios o ser usado por el poder de Dios (por supuesto asunto que es un honor y alto privilegio) y es el hecho de que sus nombres estén escritos en el cielo.

Entonces podemos ver que los dones sobrenaturales, la unción y las bendiciones son valiosas, pero lo más importante, el más grande tesoro es que tu nombre esté escrito en el libro de la vida, y por eso debemos regocijarnos.

Reflexión final: Es necesario ver las cosas como Dios las ve. Valorar aquello que para el Señor tiene más valor, y el más grande tesoro y motivo de nuestro gozo es saber que nuestro nombre está escrito en los cielos.

CAPÍTULO 26

EL AMOR DE DIOS

Introducción: La más grande muestra de amor fue dada en la cruz del calvario. Jesús dio su vida por todos los pecadores, se despojó de todos sus beneficios y de su gloria para recibir el castigo por el pecado de los hombres. Al entregar nuestra vida a él debemos permitir que su amor nos llene y gobierne, pues sólo así podemos en realidad hacer su voluntad.

La Biblia nos enseña que **el amor de Dios** debe regular nuestras acciones, y nos lleva a crecer en su conocimiento (Filipenses 1:8-10)

“Os amo con el entrañable amor de Jesucristo... Esto pido en oración, que vuestro amor abunde aún más y más en ciencia ay en todo conocimiento, para que aprobéis lo mejor, a fin de que seáis sinceros e irreprensibles para el día de Jesucristo”.

1) El amor de Pablo por los filipenses no nacía en su propio corazón, su origen era divino, es decir quien amaba por medio de él era Cristo mismo. Verdad que nos recuerda la importancia de buscar a Dios y permitir su gobierno en nuestro corazón, para amar como él ama, perdonar como él perdona y ayuda al otro como él quiere que lo hagamos.

2) El apóstol Pablo pide a Dios que el amor de los filipenses crezca en ciencia y conocimiento. Aquí la palabra ciencia se traduce del término griego "epignosis" que indica conocimiento preciso, y conocimiento se traduce del griego "aisthesis" que indica discernimiento moral, entonces el amor debe comprender con precisión y aplicar la verdad de Dios con sentido moral correcto.

Esto equipa al cristiano para que apruebe siempre lo mejor y se guarde irreprensible para la venida del Señor. Ante la inminente venida de Cristo cada uno de nosotros debe crecer en amor, pues quien ama a Dios guardará sus mandamientos y quien ama su prójimo no le hará daño. En otras palabras el amor es el que nos lleva vivir en santidad.

3) El amor de Dios nos fortalece para caminar en victoria sobre las adversidades (Filipenses 1:12-14).

"Las cosas que me han sucedido, han redundado más bien para el progreso del evangelio, de tal manera que mis prisiones se han hecho patentes en Cristo en todo el pretorio... y la mayoría de hermanos cobrando ánimo en el Señor con mis prisiones, se atreven mucho más a hablar la palabra sin temor".

Las circunstancias por las que estaba atravesando el apóstol Pablo, es decir la cárcel y la persecución, habían servido de un modo inesperado para promover el evangelio en gran manera.

Éste progreso se podía observar de dos maneras: el mensaje de Cristo había llegado a la guardia pretoriana y los hermanos se habían animado a predicar el evangelio mucho más y sin temor.

Así pues ésta dificultad se había convertido más bien en una oportunidad para llevar a más lugares y a otros grupos el mensaje de Cristo. Por eso debemos ver en una crisis una oportunidad. El amor de Dios nos fortalece para perseverar y ser fieles a él, el amor es la más grande fuerza del universo.

Conclusión: Dios es amor, y por eso nos comprende y puede ayudarnos. Su mano siempre está extendida para sostenernos, enseñarnos y llevarnos por el camino correcto. Él desea no sólo evitarnos dolores, sino llevarnos al cumplimiento de su poderoso plan para nuestra vida. Todo lo hace por amor.

CAPÍTULO 27

CUIDA LA BENDICIÓN DE DIOS

Introducción: Dios le entregó a Adán la administración del Edén, lamentablemente las cosas terminaran mal. Igualmente hoy el Señor sigue entregando bendiciones a sus hijos y es fundamental administrar bien lo que Dios nos da, pues aquel que es fiel en lo poco sobre mucho el Señor lo pondrá.

Cita: Éxodo 12:37-38 "Partieron los hijos de Israel de Ramesés a Sucot, como seiscientos mil hombres de a pie, sin contar los niños. También subió con ellos grande multitud de toda clase de gentes, y ovejas, y muchísimo ganado".

Gracias al Señor por sus bendiciones, y debemos cuidarlas y administrarlas correctamente. Vemos aquí en primer lugar que como Dios lo dijo así lo hizo, él había multiplicado a Israel en gran manera. El versículo 37 nos habla de seiscientos mil hombres, sin contar mujeres y niños.

Así que el total de personas podía fácilmente ser de dos millones. Poderoso es Dios, pues la Biblia nos enseña que a todos el Señor les dio agua y comida en el desierto por cuarenta años (es de tener en cuenta que también comían sus ganados).

Según el versículo 38 Israel no sale sólo de Egipto, dice la Biblia que "subió con ellos una gran multitud de toda clase de gentes, ovejas y muchísimo ganado". Sin embargo Dios no había dicho esto ¿por qué lo hicieron? Creo que como cuando Dios le dijo a Abraham "Sal de tu tierra y de tu parentela" pero Lot fue con él, quizá le dio pena decirle que no fuera, o tuvo lastima dejarlo, o por cariño o amistad, en fin...

El hecho es que ésta multitud más adelante fue tropiezo para el mismo pueblo de Israel, veamos Números 11:4-6 "Y la multitud de raza mixta que había entre ellos tuvo un vivo deseo, y los hijos de Israel también volvieron a llorar y dijeron: ¡Quién nos diera a comer carne! Nos acordamos del pescado que comíamos de balde en Egipto, de los pepinos, y de los melones, y de las verduras, y de las cebollas, y de los ajos. Y ahora nuestra alma se seca; que nada sino maná ven nuestros ojos"

Ellos no eran pueblo de Dios se habían mezclado con los hebreos, ellos aprovecharon la salida de Israel de Egipto, pero no creían en Dios, ni le seguían. Su corazón no rendido a Dios se rebelaba contra la voluntad del Señor, y los israelitas cayeron en la misma actitud menospreciando el pan del cielo que Dios enviaba (el maná).

Los resultados de ésta situación podemos verlos en **Números 11:10, 31-33**. Aquí son varias las cosas importantes que debemos destacar:

a) Dios respondió enviando millones de codornices. Para el Señor no hay nada imposible. Lo triste es que éste milagro no fue el resultado de una oración o de una adoración, sino como respuesta a la queja y murmuración del pueblo mezclado.

b) El que menos recogió hizo diez montones. La palabra montones se traduce del término hebreo "kjomer" que también significa: homer. El homer es la medida más grande de capacidad hebrea e indica 220 litros. Ya que un litro pesa un kilogramo, concluimos que el que menos amontonó tuvo (220 x 10) 2200 kilos, o más de dos toneladas de codornices.

c) Mientras comían sin medida, aparece una plaga entre el pueblo y muchos murieron. La abundancia material no significa aprobación divina, creo firmemente que Dios nos quiere bendecir abundantemente, pero esto siempre debe ser como él manda y no como nosotros queremos y cuando queremos. Dios todo lo hace bien en su tiempo y a su manera.

d) La Biblia nos dice en el versículo 34 que a aquel lugar se le llamó: "Kibrot-hataava" que significa: Tumbas de la gula. Cementerio de la codicia. El antídoto de la codicia es el amor: Romanos 13:8-10. Jesús dijo: "El que ama, mi palabra guardará" y el principal mandamiento es "Amarás al Señor tu Dios con toda tu mente, con todo tu corazón y con toda tu alma... y a tu prójimo como a ti mismo".

El amor es un motor que nos acerca a Dios y genera obediencia fiel en nuestro corazón a él. El amor es el poder más grande de Dios, es tan inmenso que sólo empezamos a conocerlo, y en la eternidad seguiremos aprendiendo.

Por eso oremos diciendo: "Dame Dios mío más de tu amor, lléname de tu amor para amarte, seguirte, y amar a los demás como tú quieres que lo haga. Dame amor por mi familia y por todo aquello que tu amas".

Conclusión: El Señor desea lo mejor para sus hijos, a veces cuesta entender la obra de Dios, pero lo más importante es seguir creyendo en su bondad, él sabe lo que hace, y al final veremos su bendición. Sigamos con amor y diligencia su voluntad, las bendiciones vendrán por añadidura.

(Te invitamos a conocer todos nuestros libros aquí en: Pastor Escritor Gonzalo Sanabria).

CAPÍTULO 28

DIOS SABE MUY BIEN LO QUE HACE

Introducción: Hace un tiempo asistí a un seminario para parejas de pastores, el conferencista era cuadripléjico, él era el consejero nacional de su misión. Fue ese tiempo una gran bendición de Dios. Podemos preguntarnos ¿Por qué Dios no lo sana? La respuesta está en la soberanía divina, el Señor hace como quiere, con quien quiere y cuando quiere.

a) Dios cumple fielmente su palabra.

Como el Señor lo había prometido llevó a Israel a la tierra prometida. Él lo había dicho una y otra vez, aquellas palabras enfrentaron la duda, incredulidad y hasta rechazo de algunos en Israel, pero finalmente se cumplió lo dicho por el Señor.

Los cielos y la tierra pasarán, pero la palabra de nuestro Dios permanece para siempre. Él no miente, él siempre cumple sus promesas.

b) Dios le muestra a Moisés la tierra prometida antes de morir (Deuteronomio 34:1-3).

"Subió Moisés de los campos de Moab al monte Nebo, a la cumbre del Pisga, que está en frente de Jericó, y le mostró Jehová toda la tierra de Galaad hasta Dan..."

En aquel momento el pueblo de Israel estaba a punto de pasar a la tierra prometida y Dios le manda a Moisés a subir al monte Nebo, a la cumbre del Pisga y desde allí el Señor le muestra la tierra que le habrá de entregar a Israel. La palabra "Nebo" significa: que habla, profetiza, enseña. Entonces hay aquí grandes enseñanzas de Dios que siguen hablando hoy para nosotros.

De la mano de Dios Israel llega a la tierra prometida, a pesar de los enemigos, del desierto, de los desacuerdos, a pesar de los obstáculos y de los momentos de desánimo, a pesar de la incredulidad muchas veces del pueblo, el Señor cumplió su palabra.

Dios envió su milagrosa provisión, y ante sus enemigos el Señor le dio la victoria a Israel. Nada puede detener los planes de Dios.

c) Los errores del hombre no anulan la veracidad de Dios (Deuteronomio 34:4-5).

"Y le dijo Jehová: Esta es la tierra que prometí a Abraham, a Isaac y a Jacob, diciendo: A tu descendencia la daré. Te he permitido verla con tus ojos, pero no pasarás allá. Allí murió

Moisés siervo de Jehová, en la tierra de Moab, conforme al dicho de Jehová".

Dios le cumplió a Abraham, a Isaac, a Jacob, a Moisés y él no cambia por eso podemos estar seguros que cumplirá todas sus promesas. En contraste la Biblia nos muestra la debilidad de Moisés, pues de él se nos dice en Números 12:3 que "era el hombre más manso de todos los que había sobre la tierra" pero un día impulsado por la ira se enojó y golpeó la roca a la que según Dios debía hablarle.

Sin embargo Dios no canceló ni desechó su plan con ellos, pues finalmente los llevó a la tierra prometida como lo había dicho. Moisés falló pero el Señor siguió adelante con su plan, la debilidad del hombre no canceló la bondad y fidelidad de Dios, aunque por supuesto el Señor trató o lidió con el carácter de Moisés. Siempre estaremos aprendiendo.

Conclusión: Dios sabe muy bien lo que hace. Nunca se equivoca ni llega tarde, hace las cosas perfectamente y en el momento preciso. Por su amor podemos confiar en su cuidado y bondad.

CAPÍTULO 29

NADA PUEDE DETENER LOS PLANES DE DIOS

Introducción: El poder de Dios se hace evidente cuando las dificultades o la oposición se manifiestan. El Señor mismo nos ha equipado con su autoridad y poder para avanzar en victoria, entonces esto nos asegura que veremos acciones más grandes que los obstáculos que puedan aparecer.

El evangelio no puede ser detenido ni encarcelado, Filipenses 1:12 "Quiero que sepáis hermanos, que las cosas que me han sucedido, han contribuido más bien al progreso del evangelio".

Las circunstancias por las que estaba atravesando el apóstol Pablo (estaba encarcelado) habían servido de un modo inesperado para promover el evangelio en gran manera. Éste progreso se podía observar de dos maneras: el mensaje de Cristo había llegado a la guardia pretoriana y los hermanos se habían animado a predicar el evangelio mucho más y sin temor.

Así pues ésta dificultad se había convertido más bien en una oportunidad para llevar a más lugares y a otros grupos el mensaje de Cristo. Por eso debemos ver en una crisis una oportunidad. En medio de una adversidad Pablo por el poder de Dios pudo progresar.

Procuremos los motivos correctos para predicar a Cristo, Filipenses 1:15 "Algunos a la verdad, predican a Cristo por envidia y rivalidad; pero otros lo hacen de buena voluntad".

Vemos aquí que no todos los que predicaban a Cristo allí lo hacían por motivos correctos, a pesar de todo el apóstol se regocijaba porque el Señor era anunciado. Aunque el Evangelio se usará para ventajas personales (lo cual por supuesto está mal), seguía Jesús siendo predicado, y esto era motivo de gozo para Pablo.

Lo más seguro es que había un grupo de hermanos dentro de la misma iglesia que motivados por la envidia a Pablo y disputando los primeros lugares habían aumentado su labor misionera. Su interés oculto era vencer a Pablo y añadir dolor y aflicción a su encarcelamiento.

Podemos confiar en Dios, Filipenses 1:20-22 "... En nada seré avergonzado; antes bien con toda confianza, como siempre, ahora también será Cristo magnificado... porque para mí el vivir es Cristo y el morir ganancia. Pero si el vivir en la carne resulta para mí en beneficio de la obra, no se entonces que escoger".

Como podemos ver el deseo de Pablo era partir y estar con Cristo, pero ante la necesidad de la iglesia se convenció de que pronto estaría en libertad y seguiría llevando el evangelio por todo lugar y fortaleciendo la iglesia de Cristo. Sería esto también la respuesta a la oración de los filipenses por el apóstol.

Pablo estaba seguro que Cristo sería magnificado y él no sería avergonzado. Es decir el apóstol sabía que Dios le ayudaría y no lo dejaría abandonado en esa cárcel, y así mismo el nombre de Jesucristo sería exaltado. Para Pablo Cristo era la esencia, fuerza y objetivo de su existencia, por eso dice: "Para mí el vivir es Cristo".

Ante la posibilidad de ser liberado o morir, Pablo no toma una clara decisión. Él desea partir y estar con Cristo lo cual es muchísimo mejor, pero ante la necesidad y momento de la iglesia deja todo el asunto en las manos de Dios.

El cristiano debe procurar una firme perseverancia, Filipenses 1:27-28 "Os ruego que os comportéis como es digno del evangelio de Cristo, para que, sea que vaya a veros o que esté ausente, oiga de vosotros que estáis firmes en un mismo espíritu, combatiendo unánimes por la fe del evangelio y sin dejaros intimidar por los que se oponen".

Pablo exhorta a la iglesia a comportarse como ciudadanos dignos del reino de los cielos aquí en la tierra, aunque él mismo esté ausente. No deben intimidarse por aquellos que se oponen, al contrario deben combatir unánimes por la fe del evangelio, cual gladiador en el campo de batalla, pues al final la victoria de Cristo brillará.

Conclusión: No podemos negar que encontraremos dificultades y oposición en el camino de la fe, pero el bendito evangelio de Jesucristo ha venido cargado de poder y por tanto siempre las tinieblas tienen que retroceder. Mayor es el que está en nosotros que el que está en el mundo.

CAPÍTULO 30

ADORACIÓN EN TIEMPOS DIFÍCILES

Introducción: La Biblia nos enseña una y otra vez cuán importante es desechar el orgullo, la soberbia y toda clase de autosuficiencia, es necesario reconocer nuestra gran necesidad de Dios. Él es Todopoderoso y bueno, por tanto puede ayudarnos en toda situación.

Nos dice el profeta Habacuc en su libro (Habacuc 3:17-18): "Aunque la higuera no florezca, ni en las vides haya frutos, aunque falte el producto del olivo, y los labrados no den sus productos, y las ovejas sean quitadas de su redil, con todo yo me alegraré en el Señor y me gozaré en el Dios de mi salvación".

Seguramente el profeta concluye que debido a las fuertes sequías o arrasados por el ejército del imperio babilónico se acabarían los rebaños, y serían destruidos los cultivos, las higueras, los olivos, el trigo, etc. El futuro era incierto y oscuro.

Sin embargo vemos que el profeta está confiado en el cuidado y la bondad del Señor y por eso decide que estas cosas no van a quitarle su gozo en Dios, por eso dice "Con todo yo me gozaré en el Dios de mi salvación".

La fe en el Señor nos hace fuertes ante la adversidad. La confianza en Dios y en su cuidado nos lleva a adorar aun en los tiempos difíciles.

Confiar en el Señor es una decisión personal y debemos tomarla desde lo profundo de nuestro corazón, ya que de ésta manera se garantiza la firmeza que tendremos ante los obstáculos del futuro.

Seguramente en el camino de la fe en Dios surgirán adversidades u obstáculos que debemos superar, y tal vez algunos de esos tiempos sean de escasez (como le sucedió a Israel y al profeta Habacuc), pero aquellos son tiempos en los que debemos fortalecernos en el poder del Señor, pues al final la bendición sobrenatural de Dios se hará manifiesta. Definitivamente el Señor es nuestra fortaleza y refugio en todo tiempo.

Tengamos presente aquí lo que la Biblia declara en el Salmo 23 "El Señor es mi pastor y nada me faltará... Aunque ande en valle de sombre de muerte, no temeré mal alguno porque tu estarás conmigo; tu vara y tu cayado me infundirán aliento". Dios tiene cuidado de sus hijos en todo tiempo.

CAPÍTULO 30

DIOS ES NUESTRA SEGURIDAD

Introducción: Cuando el gigante Goliat desafiaba a Israel la Biblia nos dice que todos tenían temor, desde el rey Saúl hasta el más pequeño de los soldados. Pero el joven David le hizo frente y alcanzó una gran victoria para la gloria de Dios. Su fortaleza fue creer en el poder de Dios.

Es Dios mismo nuestra ayuda y fortaleza, Isaías 41:10.

"No temas, porque yo estoy contigo; no desmayes, porque yo soy tu Dios que te esfuerzo; siempre te ayudaré, siempre te sustentaré con la diestra de mi justicia".

A través de la toda la Escritura hallamos una y otra vez que Dios le dice a su pueblo "No temas" pues ante los enemigos y problemas el cristiano puede vivir el temor y desfallecer, incluso renunciar y abandonarlo todo. Por eso Dios aparece para animar y fortalecer a sus hijos, de manera que el plan divino no se pierda.

Mediante expresiones como "Yo estoy contigo" "Yo soy tu Dios que te esfuerzo" "Siempre te ayudaré" "Siempre te sustentaré" Dios no sólo alienta y renueva a su pueblo, sino que asegura su poder y presencia acompañando a sus hijos, y si el Todopoderoso va con nosotros, nada ni nadie podrá detenernos.

Nos dice además Dios “No desmayes”. Desmayar es perder al ánimo, es perder la fuerza y el aliento, es detenerse. De hecho aquí el término hebreo también quiere decir “quedarse perplejo, suspendido” desmayar aquí es estancarse o quedar paralizado. Precisamente el temor procura paralizar al cristiano e impedir así su avance.

Pero Dios dice: “No desmayes, porque yo te esfuerzo” desde el hebreo bíblico también quiere decir: “Yo te hago fuerte, yo te hago valiente, yo te hago resistir con firmeza”. Podemos confiar plenamente en ésta verdad, pues Dios es fiel y todopoderoso, es Aquel que no abandona a los suyos.

Conclusión: Quizá ante los problemas y debido a nuestros sentimientos podamos experimentar tristeza, temor, desánimo, etc, sin embargo debemos tener presente que Dios sigue siendo el Todopoderoso y él ha prometido estar con nosotros y levantarnos en victoria; no se trata de lo que sentimos sino del poder y fidelidad de nuestro Dios.

CAPÍTULO 31

CRISTO ES EL MAYOR EJEMPLO DE OBEDIENCIA

Introducción: Desde el comienzo el hombre ha tenido dificultades para obedecer a Dios, lo vemos desde Adán, quien a pesar de conocer el consejo divino hizo lo que deseaba y vemos los tristes resultados. Hoy día Cristo, el postrer Adán, vive en nosotros y por él podemos obedecer a Dios.

El Señor Jesús con su vida terrena nos enseñó la obediencia, Hebreos 5:7-8

"Y Cristo en los días de su carne, ofreciendo ruegos y súplicas con gran clamor y lágrimas al que le podía librar de la muerte, fue oído a causa de su temor reverente. Y aunque era Hijo, por lo que padeció aprendió la obediencia".

En el versículo siete se nos permite ver la faceta humana de Jesús, en donde siendo Dios ruega a su Padre por fortaleza y ayuda ante el momento difícil que tenía que vivir, y fue oído es decir atendido.

El versículo ocho nos enseña que en Dios no hay excepción de personas. Pues "aunque era Hijo" padeció y aprendió la obediencia, es decir en Dios no hay atajos, ni podemos engañarlo, ni los argumentos ni las excusas pueden evitar los procesos que forman parte del plan divino.

La expresión “por lo que padeció aprendió la obediencia” nos dice varias cosas:

a) La palabra “padecer” también significa: pasar por una experiencia que implica dolor. Esto nos habla de su sufrimiento en la cruz.

b) La palabra “aprender” no significa que el Señor tenía que aprender algo que no sabía; más bien hace referencia a la vivencia de la cruz en su naturaleza humana, cosa que nunca antes el Verbo (Jesucristo) había vivido. Es decir ésta experiencia lo llevó a vivir la obediencia al máximo, ésta fue la mayor evidencia de su obediencia al Padre celestial.

c) La palabra “obediencia” aquí se traduce del término griego “jupakoe” que significa también “escuchar con atención”. Entonces la primera fase de la obediencia está en el oír la palabra de Dios, ya que ésta viene cargada de poder para hacer aquello para lo cual es enviada. El terreno ideal es un corazón manso, pues la tierra dura hace resistencia a la semilla de la palabra.

Es muy interesante ver que Jesús oró tres veces en el huerto de Getsemaní diciendo las mismas palabras: Mateo 26:44-46 “Y dejándolos, se fue de nuevo, y oró por tercera vez, diciendo las mismas palabras.

Entonces vino a sus discípulos y les dijo: Dormid ya, y descansad. He aquí ha llegado la hora, y el Hijo del Hombre es entregado en manos de pecadores. Levantaos, vamos, ver se acerca el que me entrega".

Como podemos ver Jesús no fue la cuarta ni la quinta ni más veces. Tengamos presente que en la Biblia el número tres significa: "perfección en testimonio", cuando el Señor se levantó la tercera vez tenía absolutamente clara la voluntad del Padre (creo que allí nuevamente el Padre le confirmó la necesidad de dar su vida en sacrificio). Debía ir a la cruz, y fortalecido allí salió a hacer la voluntad divina.

Conclusión: Como nos enseña Jesús, quizá vivamos momentos difíciles en la vida, debemos ir a la presencia de Dios y fortalecernos en oración, el Señor bueno y poderoso nos fortalecerá para seguir adelante, y lograr de su mano resultados maravillosos.

CAPÍTULO 32

EN TODO TIEMPO JESÚS ES NUESTRA AYUDA

Introducción: Seguramente viviremos pruebas o momentos difíciles, pero Jesucristo el Señor siempre estará atento para salvar y levantar a todo aquel que cree y espera en él. Jesús es nuestra fortaleza en tiempos de adversidad.

Nos dice la Biblia en: Juan 11:1-4 que "Estaba entonces enfermo uno llamado Lázaro, de Betania, la aldea de María y de Marta su hermana. (María, cuyo hermano estaba enfermo, fue la que ungió al Señor con perfume, y le enjugó los pies con sus cabellos).

Enviaron, pues, las hermanas para decir a Jesús: Señor, he aquí el que amas está enfermo. Oyéndolo Jesús, dijo: Esta enfermedad no es para muerte, sino para la gloria de Dios, para que el Hijo de Dios sea glorificado por ella".

Aquí podemos ver a la aldea de Betania como un símbolo de alimento y reposo. Era ésta aldea un lugar con muchos árboles de higos, abundantes y de buena calidad; en la actualidad es un lugar de olivos, higueras y granadas. Debemos tener en cuenta además que el nombre "Betania" significa: casa de higos, casa del fruto de la palmera, lugar de las fuentes.

Betania es pues un lugar especial, de bendición y provisión, pero a pesar de eso la familia de Marta experimenta una crisis, en éste caso su hermano lázaro enferma. Entonces a veces llega la prueba sin avisar, justamente cuando todas las cosas están bien.

El versículo cinco de Juan 11 narra un detalle especial: "Amaba Jesús a Marta, a su hermano y a Lázaro". Vemos su gran afecto por ellos, los amaba, era una familia especial para Jesús y cuando debía ir a Jerusalén allí se hospedaba, y seguramente María aprovechaba muy bien aquellas visitas.

Debemos destacar también el hecho de que en éste versículo cinco el primer nombre mencionado de los tres hermanos es Marta (quizá era la mayor), Jesús le había llamado la atención antes (según Lucas 10) pero su amor por ella continuaba intacto y fuerte. Quizá nos equivocamos muchas veces, pero Jesús nos sigue amando.

Ésta familia tiene tal fe en el poder de Jesús que procura su presencia, interceden ante el Señor por la sanidad de su hermano Lázaro. Asunto que nos recuerda la importancia de orar por nuestra familia y no renunciar a ese clamor.

Jesús expresó: "Esta enfermedad no es para muerte, sino para la gloria de Dios, para que el Hijo de Dios sea glorificado por ella", así pues las crisis son oportunidades para que Jesucristo se glorifique.

Las dificultades son tiempos ideales en los cuales Dios muestra su gloria. Lázaro murió, pero el Señor Jesús lo resucitó y como él dijo esa enfermedad fue para que el Hijo de Dios se glorificara en ella.

Conclusión: Seguramente enfrentaremos pruebas y adversidades, algunas más dolorosas que otras, pero en todas ellas Dios nos acompañará, su oído estará atento a nuestro clamor y su poder dispuesto para levantarnos en victoria.

CAPÍTULO 33

DIOS CUIDA DE SUS HIJOS

Introducción: Ante el enemigo y las duras crisis de la vida el hijo de Dios puede pensar en que Dios se ha olvidado de él o le ha descuidado, pero es un completo error considerar esto, pues Dios es fiel y él cuida de su pueblo como nadie más lo puede hacer.

Dios trae libertad, restauración y bendición, Ezequiel 37:12-14.

"Por tanto, profetiza, y diles así ha dicho Jehová, el Señor: Yo abro vuestros sepulcros, pueblo mío; os haré subir de vuestras sepulturas y os traeré a la tierra de Israel. Y sabréis que yo soy Jehová, cuando abra vuestros sepulcros, y os saque de vuestras sepulturas, pueblo mío. Pondré mi espíritu en vosotros y viviréis, y os estableceré en vuestra tierra. Y sabréis que yo, Jehová, lo dije y lo hice, dice Jehová".

El profeta Ezequiel tiene una visión en la que ve un gran valle de huesos secos en gran manera, Dios mismo le enseña que esa es la condición espiritual de su pueblo. Pero el Señor quien tiene cuidado de su pueblo ordena a Ezequiel profetizar a Israel, y las palabras que él usa nos permite ver varias cosas muy importantes:

a) Dios habla de sepulcros y sepulturas, aunque ellos estaban físicamente cautivos en Babilonia. Literalmente no estaban en sepulcros ni en sepulturas, pero sí espiritualmente. Dios dice "yo abro vuestros sepulcros... y os haré subir de vuestras sepulturas" los primeros eran cuevas excavadas con grandes piedras en la entrada, y las sepulturas eran más bien en la tierra.

b) Ellos fueron llevados cautivos por la idolatría. Los corazones de las personas pueden quedar cautivos por diversas razones (brujería, pactos, miedos, amargura, ocultismo, pecados, falta de perdón, robos, homicidios, traumas, etc), pero el poder del Espíritu Santo trae libertad y restauración, por eso Jesús dijo: "El Espíritu del Señor está sobre mí para dar libertad a los cautivos y para poner en libertad a los oprimidos".

c) El versículo catorce nos indica en primera instancia que el Señor llevará a Israel a su tierra. Además nos permite ver que el deseo de Dios es llevarnos al destino que él nos ha preparado, al lugar y propósito de nuestra bendición. Dios es fiel y cumple sus promesas.

Ya Dios nos ha dado su Espíritu Santo, por su poder y por la autoridad de Jesucristo nuestro Señor podemos vencer y avanzar, las cadenas son rotas y las tinieblas retroceden ante el poder de nuestro Dios.

Conclusión: Jesús es Dios y su poder está sobre todas las cosas. Por el poder del Espíritu Santo nuestra vida se renueva, por él podemos avanzar y vencer los poderes de las tinieblas. Dios tiene cuidado de sus hijos.

Esperamos que este libro haya sido de tu agrado.
Te invitamos a suscribirte en nuestro sitio y recibir nuestras publicaciones, en:

ESTUDIOSYSERMONES.COM

Muchas gracias.

Te invitamos a adquirir otros libros del autor Gonzalo Sanabria (en Amazon):
Tomo 1. Palabras que transforman el corazón, 55 sermones para predicar.
Sermones para predicar, tomos 3, 4, 5 y 6.
75 Sermones para estudiar y predicar.
Bosquejos y sermones para predicar.

Puedes conocer más de 70 libros publicados por el mismo autor en: **GonzaloSanabria.Amazon.com**

Te presentamos otros libros del autor:

1) **EL LENGUAJE DEL ESPÍRITU SANTO (Descubre los dones y el poder del Espíritu de Dios).**

¿Qué tanto conocemos al Espíritu Santo? ¿Tenemos una verdadera amistad con él? ¿Cuáles son y cómo funcionan los dones del Espíritu Santo? ¿Qué es la unción y cómo usarla correctamente? ¿Qué es la profecía y como examinarla correctamente? Estas y muchas preguntas más procuramos despejar en éste libro. La realidad del Espíritu Santo y su profundo deseo de comunicarse con el cristiano es una verdad que debe conocer todo hijo de Dios. Te invitamos a adquirir: **"EL LENGUAJE DEL ESPÍRITU SANTO"**

2) SANIDAD PARA EL ALMA HERIDA:

Una realidad es que el alma ha sido lastimada o afectada a lo largo de la vida con una serie de experiencias traumáticas. Ignorar o no considerar esta verdad hace que muchas enfermedades, miedos y complejos afecten profundamente la vida del ser humano. Este libro es una herramienta o ayuda en éste proceso de sanidad o restauración. El Señor ha preparado para ti lo mejor, y la sanidad del alma es una sus grandes bendiciones. Sanidad, libertad y restauración para el corazón herido son los objetivos de éste libro. Te invitamos a adquirir: SANIDAD PARA EL ALMA HERIDA.

3) ALIMENTO PARA EL ESPÍRITU (Reflexiones cristianas).

El Señor Jesús nos enseñó: "No sólo de pan vivirá el hombre, sino de toda palabra que sale de la boca de Dios", entonces es vital meditar y estudiar la Palabra de Dios. Cuando dejamos de hacerlo, nuestro espíritu se hace vulnerable y débil ante las tentaciones y obstáculos del diario vivir. Éste libro "Alimento para el espíritu" (Tomo 1) procura ser una herramienta de reflexión y edificación espiritual cristiana en medio de tu vida diaria. Te sugiero leer una reflexión (o capítulo) cada día, acompañada de una oración en la que permitas a Dios obrar en tu corazón. Te invitamos a adquirir: ALIMENTO PARA EL ESPÍRITU.

4) ¿CÓMO ENFRENTAR Y SUPERAR LAS CRISIS?

Desde la perspectiva cristiana en éste libro se expone la realidad de las crisis, su diversidad, su impacto en nuestra humanidad, las diversas reacciones y por supuesto los principios cristianos para enfrentar y superar dichas circunstancias. Con fundamento cristiano exponemos las diversas maneras y actitudes de patriarcas, profetas, apóstoles y diversas personas ante las situaciones más adversas y cómo su fe en Dios los llevó a grandes victorias. Te invitamos a adquirir: *¿Cómo enfrentar y superar las crisis?*

5) LOS ÁNGELES QUE SE CONVIRTIERON EN DEMONIOS (Demonología cristiana).

Los demonios o espíritus inmundos no nacieron como demonios, ellos se convirtieron en esa clase de seres. Surgen ante esto muchas preguntas como: ¿Cuándo fue su origen? ¿Cómo eran al principio? ¿Cuáles eran sus actividades? ¿Por qué se convirtieron en demonios? ¿Cómo y por qué dañan a las personas? ¿Cómo defenderse de éstos? ¿Qué enseña la Biblia al respecto? Te invitamos a adquirir: *Los ángeles que se convirtieron en demonios (Demonología cristiana).*

6) PALABRAS QUE TRANSFORMAN EL CORAZÓN:

El libro contiene 55 sermones o mensajes de inspiración y motivación cristianos para edificación y crecimiento personal y/o de grupos. Están enriquecidos con notas y comentarios de reflexión personal, históricos, culturales, etc, por eso puede tomarse como libro devocional o de reflexión diaria. Los cincuenta y dos mensajes (o sermones) están bosquejados de manera sencilla y fácil de usar. Es una herramienta útil para estudiar, enseñar y predicar la Palabra de Dios. Te invitamos a adquirir: *Palabras que transforman el corazón.*

PUEDES VER TODOS LOS LIBROS DEL AUTOR AQUÍ EN: *PÁGINA DE ESCRITOR GONZALO SANABRIA.*

Made in the USA
Middletown, DE
23 March 2021